मत थामो बैसाखियाँ

(व्यक्तित्व का विकास धर्म के साथ)

मुनि विशल्यसागर

वाणी प्रकाशन

वाणी प्रकाशन
4695, 21-ए, दरियागंज, नयी दिल्ली 110 002
फ़ोन : +91 11 23273167 फ़ैक्स : +91 11 23275710
शाखाएँ
अशोक राजपथ, पटना 800 004, बिहार
कॉफ़ी हाउस कैम्पस, महात्मा गांधी मार्ग, इलाहाबाद 211 001, उत्तर प्रदेश
महात्मा गांधी अन्तरराष्ट्रीय हिन्दी विश्वविद्यालय, वर्धा 442 001, महाराष्ट्र
www.vaniprakashan.com
marketing@vaniprakashan.in
sales@vaniprakashan.in

Mat Thamo Baisakhiyan
by Muni Vishalyasagar

ISBN : 978-93-5518-469-6
Religion/Culture

प्रथम संस्करण 2023

मूल्य : ₹ 400

आर. टेक ऑफ़सेट प्रिंटर्स, दिल्ली-110032 में मुद्रित

वाणी प्रकाशन का लोगो मक़बूल फ़िदा हुसेन की कूची से

* इस कृति का पुण्यार्जक परिवार *

दानशीला, धर्मपरायणा, सरल स्वभावी,
परम गुरुभक्ता स्व. श्रीमती चन्द्रकला देवी जैन (काला)
धर्मपत्नी स्व. श्री रतनलाल जी जैन काला सुपुत्र श्री सुनील कुमार जैन (काला)
एवं पुत्रवधू श्रीमती आलोका जैन (काला) राँची
वर्तमान में कोलकाता निवासी।

परम पूज्य सर्वोदयी महाश्रमण राष्ट्रसन्त गणाचार्य

श्री 108 विरागसागर जी मुनिराज

झारखण्ड राजकीय-अतिथि जिन-श्रुत-मनीषी

श्रमणश्री विशल्यसागर जी मुनिराज

पुरोवाक्

आत्मविश्वास, आत्मनिर्भरता एवं सत्प्रेरणा वह अन्तर्निहित ऊर्जा है जो पग-पग पर आने वाली सभी कठिनाइयों व बाधाओं को समाप्त करने की शक्ति देकर लक्ष्य को प्राप्त कराती है। असम्भव कार्य सम्पन्न होते हैं। अपनी आन्तरिक शक्तियों को एकत्रित करके अपने आत्मविश्वास को सुदृढ़ करना विकास के लिए परम आवश्यक है। यह विश्वास प्रत्येक प्राणी विकसित कर सकता है, इसके लिए पदे-पदे हमें स्व निरीक्षण व परीक्षण करने का ज्ञान हमारे गुरु व ग्रन्थ देते रहे हैं। सद्गुरु, सन्त, महापुरुष सदैव मानव मात्र को यही शक्ति प्रदान करते रहे हैं कि हम अपने अन्तःकरण का विकास कर घर के दीप और दुनिया के दिवाकर बनें। निर्बाध गति से चतुर्मुखी विकास के लिए आवश्यक है सत्संगति और आत्मनिर्भरता।

झारखण्ड प्रदेश के राजकीय अतिथि कवि हृदय मनस्वी चिन्तक पूज्य मुनि श्री विशल्यसागर जी 'सन्त हृदय नवनीत समाना' हैं, उन्होंने 'मौक्तिकम्' जैसी जनोपयोगी बहुप्रशंसित कृति प्रदान की। उनकी लेखनी में प्राणी मात्र के कल्याण की स्याही और वाणी में हृदय स्पन्दित करने वाली वचनावली निहित है। वे हमारी बंजर मन धरा की उर्वरा शक्ति वृद्धिंगत कर रहे हैं। सर्वत्र हरीतिमा का अंकुरण कर रहे हैं। धर्म प्रभावना के सूर्य का तेजस आलोकित करने वाले गुरुदेव सबको भगवान महावीर का चमत्कारी सूत्र 'अप्पो दीपो भव' के गूढ़ रहस्यों से परिचित करा कर सही अर्थों में दुर्लभ मानव जन्म को सुन्दरतम पथ पर अग्रसर कर रहे हैं, इसीलिए उन्होंने आदेश दिया है 'मत थामो बैसाखियाँ'। हाँ, थाम लो वह शक्ति सोपान जिससे लक्ष्य की अन्तिम सीढ़ी पर पहुँच जाओगे।

किसी ने ठीक ही कहा है–

सेवा और तीरथ-भ्रमण,
फलतेहि कालहि पाई।
भक्तन-संग छिन एक में,
परम भक्ति उपजाई ॥

पूज्य मुनिश्री ने आचार्यों द्वारा लिखित सूक्ति-रत्नों को भी इस कृति में समाविष्ट किया है। शिक्षित-अशिक्षित, सम्पन्न-विपन्न सभी अपने दैनिक वार्तालाप में इनका सहज प्रयोग करते हैं। इन सूक्तियों का दूरगामी प्रभाव भी होता है। इनकी लोकप्रियता एवं सर्वग्राह्यता का प्रमुख कारण है ये कथन की पुष्टि में सहयोगी बनती हैं तथा शब्दों, ग्रन्थों की गुणवत्ता को वृद्धिंगत करती है।

पूज्य मुनिवर ने, मनुष्य के भीतर आत्मनिर्भरता के साथ प्रेरणा की तरंग उत्साह का उत्सर्जन होता रहे, इस दृष्टि से सूक्ति संचयन किया है जो जीवन में हमारी पथ-प्रदर्शिका भी बन सकती है। व्यक्ति का अन्तःसंसार जितना समुन्नत, गम्भीर, उदात्त, आस्थायुक्त व सकारात्मक होगा उसका बहिःसंसार भी उतना ही समृद्ध व मंगलकारी होगा।

हमें पूर्ण विश्वास है प्रस्तुत कृति हाथ में आते ही विवेकहीनता, अज्ञानता तथा अहंकार आदि की बैसाखियों को हटाकर हमारे हाथों में सत्संगति एवं आत्मनिर्भरता का वह दो सोपान थमा देगी जो हमें परमानन्द भी देगा और सही अर्थों में मानव बनने की सन्तुष्टि भी। हम गुरुदेव के चरणों में कृतज्ञतापूर्वक नमन करते हैं कि उन्होंने ऐसी प्रेरणाप्रद एवं सही अर्थों में मानव बनाने वाली उत्कृष्ट कृति हमें प्रदान की। गुरुदेव के चरणों में बार-बार नमोऽस्तु।

विनयावनत

डॉ. नीलम जैन
विजिटिंग स्कॉलर SJSU (अमेरिका)

एच-210, डैफोडिल्स
मगरपट्टा, पुणे-411013
drneelamjain26@gmail.com

गुरु-भक्ति

अक्षर-साधक मुनिवर विशल्य,
स्वीकारो मेरे शत वन्दन।
अर्पित तुमको शत अभिनन्दन।

आत्म-तीर्थ बन कर मुनिवर,
कल्याण-मार्ग के पथिक बने।
तीर्थंकर सभी बने प्रेरक,
तुम उनके रंग में खूब रँगे।

संयम-साधक मुनिवर विशल्य,
स्वीकारो जग के शत वंदन।
अर्पित तुमको शत अभिनन्दन।

शब्दों में जीवन-सत्य भरा,
सम्यक जीवन का मर्म दिया।
जैनत्व के संरक्षक बनकर,
जग का नित कल्याण किया।

सम्यक-साधक मुनिवर विशल्य,
स्वीकारो सबके शत वन्दन।
अर्पित तुमको शत अभिनन्दन।
प्रेरक मन के महावीर बने,
गुरुवर विरागसागर पाये।
हो गये धन्य मुनिवर हम भी,
जब शरण तुम्हारी हम आये।

त्रिरत्न-साधक मुनिवर विशल्य,

स्वीकारो धरा के शत वन्दन।
अर्पित तुमको शत अभिनन्दन

–डॉ. योगेन्द्रनाथ शर्मा 'अरुण'

अनुक्रम

पूज्य मुनि श्री विशल्यसागर जी द्वारा रचित बहुचर्चित कृति 'मौक्तिकम्' विद्वानों की दृष्टि में

सत्संग : आदर्श प्रसंग

प्रिय आत्मन्,

सत्संग से अभिप्राय मात्र किसी के पठन से या किसी प्रवचन के श्रवण से नहीं है। सत्संग का अर्थ है सत् का संग करना, सत् को साथी बना लेना, समीचीन जीवनशैली का अनुकरण करना। क्योंकि मनुष्य अनुकरण प्रिय प्राणी है। अनुकरण करने की उसमें सहज आदत है। वह जैसा बिम्ब देखता है अपने मन में वैसा ही प्रतिबिम्ब तैयार कर लेता है। इस अनुकरण प्रिय स्वभाव के कारण मनुष्य के लिए ऐसे जीवन्त बिम्ब उसके सामने रहने आवश्यक हैं जिनका उसके मन पर, उसके व्यवहारों पर प्रभाव पड़ता रहे। यदि बिम्ब उसके समक्ष आदर्श पुरुष का होगा, सन्त-साधक पुरुष का होगा तो वह वैसे ही आदर्श-व्यक्तित्व की चाहत कर मन को उस दिशा में मोड़ने का पुरुषार्थ आचरित करेगा। यदि किसी शैतान, नृशंस, क्रूर, भोगी, कामी का बिम्ब उसका संगी बनेगा तो वह जीवन को वैसा ही मोड़ देगा। तभी तो कहा गया है–"जैसी संगत वैसी रंगत।" मनोवैज्ञानिकों का कथन है कि एक व्यक्ति के निर्माण में 60% से भी ज़्यादा वातावरण का प्रभाव होता है और 40% आनुवंशिकता का प्रभाव रहता है। इसीलिए मनीषियों ने कहा है–सत्संग सदाचारैः अर्थात् जीवन में हमेशा सदाचारी पुरुषों का संग करना चाहिए क्योंकि "संसर्गजा गुणदोषाः भवन्ति" अर्थात् संसर्ग से ही गुण और दोष पैदा होते हैं।

वास्तव में सत्संग जीवन में आदर्श व्यक्तित्व का निर्माता है। जिस संगति से सत्यता, सात्विकता और पवित्रता की प्रेरणा मिलती हो और जिससे हमारा जीवन-पथ प्रशस्त होता हो वह सत्संग है। सत्संग का प्रयोजन सुसंस्कारों की क्रियान्वित पाठशाला है-जिसमें मात्र सिखाया नहीं जगाया जाता है अर्थात जागरण बोध और बुराइयों का निरोध किया जाता है। सत्संग समीचीन आचार-विचार,

जीवनशैली का जीवन्त विद्यालय होता है। ध्यान रखो। सत्संग तारण-तरण होता है। सत्संग नाविक की तरह होता है। सत्संग चन्दन की तरह होता है। सत्संग जाज्वल्यमान दीप होता है—जो बुझे दीपों को आसानी से प्रज्वलित कर देता है। वस्तुतः जीवन उनका ही सार्थक है जिन्होंने सत्संग पा लिया। बिना सत्संग की ज़िन्दगी का कोई औचित्य नहीं, वह तो मुर्दासम् है। सत्संग विहीन जीवन खाली बोझ ढो रहा खरपत के तो मैं आपसे यही कह रहा हूँ कि जीवन में सत्संग अवश्य कर लेना। ज़िन्दगी के तीनों पड़ाव बचपन-यौवन-बुढ़ापा, ये तीनों सुधर जायेंगे क्योंकि इन तीनों पड़ावों में माँ, महात्मा और परमात्मा का बड़ा महत्त्व होता है। और सत्संग का अर्थ भी इन्हीं तीनों आदर्शों में समाया है। सत्संग यानी माँ-महात्मा-परमात्मा का सुयोग और देव-शास्त्र-गुरु का पावन समागम। इनके प्रति अगाढ़ आस्था-भक्ति-समर्पण एवं ऐसे आदर्शोत्तम की उपदेशमयी पवित्र वाणी की जीवन में प्रयोगात्मक क्रिया। तो ध्यान रखना, मनुष्य की ज़िन्दगी में माँ, महात्मा और परमात्मा से बढ़कर और कुछ नहीं। बचपन में माँ का, यौवन में महात्मा और बुढ़ापे में परमात्मा का बड़ा योगदान होता है। माँ बचपन को सँवार देती है। जवानी में नीयत बिगड़े, पैर फिसले तो महात्मा सम्बोधन देकर सँवार देता है, सम्हाल लेता है। और बुढ़ापे में मौत बिगड़े तो परमात्मा सम्हाल लेता है। वह बड़ा सौभाग्यशाली है जिसे माँ जिनवाणी का आश्रय मिल गया। **माँ की ममता जिसे मिली वह पुण्यात्मा है। दुनिया में पृथ्वी विराट है। पृथ्वी से विराट आकाश है। आकाश से विराट ब्रह्माण्ड है लेकिन माँ के हृदय की विराटता इन सबसे अधिक है। इसलिए माँ (जिनवाणी) के हृदय की करुणा को जिसने स्वीकारा वह विराट है। क्योंकि माँ जिनवाणी विराटता, करुणा भव्यों पर विकीर्ण करती है, बिखेरती है।**

दुनिया में लोग ब्रह्मा, विष्णु, महेश की उपासना करते हैं। ब्रह्मा का स्मरण इसलिए किया जाता है कि वे जन्मदाता हैं। विष्णु का सुमिरन लोग इसलिए करते हैं कि वे पालनहार हैं और शिव की उपासना का कारण उनके द्वारा लोगों का उद्धार करना है, जबकि यह मिथ्या कल्पना है। हाँ, ध्यान रखो, ब्रह्मा में विष्णु नहीं समा सकते हैं और विष्णु में ब्रह्मा नहीं समा सकते, लेकिन माँ वह तत्त्व है जिसमें ब्रह्मा भी हैं, विष्णु भी हैं और शिव भी हैं। माँ जन्म देती है इसलिए माँ में ब्रह्मा है। माँ सन्तान का पालन करती है इसलिए वह विष्णु भी है और माँ अच्छे संस्कार देकर सन्तान का उद्धार करती है इसलिए वह शिव भी है।

इसलिए माँ से बढ़कर कोई मन्दिर नहीं है और माँ के चरणों की धूलि से बढ़कर कोई चन्दन नहीं है। तो वह परम सौभाग्यशाली है जिसे माँ जिनवाणी का सहारा मिला, गुरु का आशीष और परमात्मा का पथ मिला।

सन्तसंग या सत्संग सहज ही नही मिल जाता। यह भी तीव्र पुण्योदय से मिलता है। कई जन्मों का पुण्य जब जोर मारता है तब कही कोई सत्संग को उपलब्ध हो पाता है। यह ज़िन्दगी की अत्यन्त दुर्लभ घटना है। सत्संग की दुर्लभता के बारे में कहा है कि हज़ार चलते हैं, सौ पहुँचते हैं और केवल दस ही सत्संग को उपलब्ध हो पाते हैं। सत्संग के लिए चलते तो हज़ार लोग हैं मगर नौ सौ लोग रास्ते में ही रह जाते हैं। कहीं भी आकर्षण मिलता है, प्रलोभन मिलता है, वहीं अटक जाते हैं। मार्ग में ही भटक जाते हैं, पहुँच ही नहीं पाते। तो चलते तो हज़ार हैं मगर पहुँचते सौ ही हैं। और सौ में दस ही सत्संग के तत्त्व को उपलब्ध हो पाते हैं। नब्बे तो पहुँचकर भी नहीं पहुँचते हैं। उनका तन तो वहाँ होता है लेकिन मन किसी और ही दुनिया में भटक रहा होता है। वे वहाँ होकर भी नहीं होते। वे वहाँ सन्त को सुनकर भी नहीं सुन पाते हैं। वे केवल आने-जाने वालों में अटक जाते हैं। असली तत्त्व से वे वंचित रह जाते हैं। केवल दस लोग ही होते हैं जो सत्संग के महत्त्व को समझ पाते हैं। वे दस सातिशय पुण्यशाली होते हैं–जो पारसमणि को पाकर स्वयं पारस बन जाते हैं। हाँ, सन्त ऐसे ही पारसमणि होते हैं। तो तुम ऐसी योग्यता पैदा करो कि उन दस में तुम्हारा नम्बर आ जाये। अगर उन दस लोगों में तुम्हारा नम्बर आ गया तो समझना कि जीवन सफल हो गया, यह जन्म आखिरी जन्म हो, अब मैं ज़रूर मृत्युंजयी बनूँगा।

तो आपसे मेरा कहना कि सत्संग जीवन का उत्तमांग है उत्तमांग यानी मस्तिष्क। शीश बिना शरीर की जैसी दशा होती है वैसे ही सत्संग विहीन मानव की अवस्था समझना। सत्संग जीवन का हृदय है। हृदय की जो उपयोगिता शरीर में होती है वही उपयोगिता मानव जीवन में सत्संग की होती है। सत्संग का तात्पर्य संतसंग से है, सत् संगत से है या सम्यक्ता सज्जनता से है। और सज्जनता सज्जनों का गुण है, जीवन है। सज्जन की क्षणभर की भी संगति मिल जाये तो संसार सागर से पार करा देती है। दुष्ट लोगों के साथ चाहे जीवन भर रह लो तो सिवाय दुष्टता के कुछ भी हासिल नहीं होता। लक्ष्मण और भरत जैसे भाई मिलें तो वनवास भी भारभूत नहीं लगता और शकुनि जैसे व्यक्ति घर आकर रहें तो राजसी सुख भी वनवास की भाँति नीरस प्रतीत होता है।

तभी तो कहा है कि संगति, स्नेह और मैत्री सदा अच्छे लोगों के साथ करनी चाहिए। शास्त्रों में ऐसे लोगों की संगति करने की प्रेरणा दी गयी है जिनके संसर्ग में रहने से हमारे विचारों में पवित्रता आये, हमें कुछ अनुभव मिले, हमारे जीवन में विशिष्टता विलक्षणता प्रकट हो। हम अपने लक्ष्य के प्रति दृढ़ता ला सकें। हमारे जीवन में सुसंस्कार प्रकट हो सके। नीति ग्रन्थों में कहा गया है–

हीयते ही मतिस्तात हीनै सह समागमात्।
समैश्च समतामेति विशिष्टैश्च विशिष्टताम् ॥

मनुष्य की मति अपने से हीन व्यक्तियों के संसर्ग से हीन हो जाती है, समान लोगों के संसर्ग में रहने से समानता रहती है, पर अपने से विशिष्ट गुणवान व्यक्ति के संसर्ग में रहने से हमारी गुणवत्ता बढ़ती है, हमारे जीवन में विशिष्टता आती है। तो तुम सदैव विशिष्टतर विशिष्टतम व्यक्तियों से जुड़ने का प्रयत्न करो, यदि जीवन को विशिष्टतम बनाना चाहते हो। किन्तु, ध्यान रखना, निम्न से कभी जुड़ने की चाह भी नहीं करना अन्यथा जीवन तबाह हो जायेगा। सारी वाह-वाह आह में बदलकर तबाह घटित कर देगी। जो व्यक्ति अपने से नीचे वाले के साथ जुड़ता है, जो व्यक्ति अपने से हीन व्यक्ति के साथ जुड़ता है उसके जीवन में हीनता प्रारम्भ हो जाती है। हीनता और दीनता रूपी दरिद्रता का आगमन हो जाता है क्योंकि हीन व्यक्ति का संसर्ग व्यक्ति को मतिहीन बना देता है और मतिहीन होने के बाद जीवन ही हीन हो जाता है। **जैसी मति होती है, वैसी गति होती है। हमारी मति हमारी संगति से जुड़ी होती है, इसलिए कहते हैं "सुमति जहाँ तहाँ सम्पत्ति है और जहाँ कुमति है वहाँ विपत्ति है। सम्पत्ति है क्या? मति ठीक रहना ही सम्पत्ति है। अपनी बुद्धि और विवेक को जाग्रत रखना ही हमारे जीवन की सबसे बड़ी सम्पदा है।"**

इसलिए तो कहा गया है कि कभी हीन व्यक्तियों की संगति मत करो क्योंकि हीन व्यक्ति की संगति नीचे ही गिरायेगी जीवन पतित करेगी। समान व्यक्ति के विचारों में समानता बनी रहती है। हम ऊपर न चढ़ पायें तो न सही; कम-से-कम गिरें तो नहीं। लेकिन जब विशेष ज्ञानी जनों, विशेष गुणज्ञ, संयमी व्यक्तियों का हम सान्निध्य पाते हैं तो हमारे जीवन में संयम के पुष्प खिलने लगते हैं। हमारे जीवन में सद्‌गुणों का विकास प्रारम्भ होने लगता है। इसलिए कहते हैं कि विशिष्ट पुरुषों की संगति हमारी मति में वैशिष्ट्य उत्पन्न कर देती है।

हमारा जीवन अनेक विशेषताओं से जुड़ जाता है। तो मैं आपसे यही कह रहा हूँ कि जीवन में ऐसे ही पुरुषों का, सन्तों-मनीषियों का चयन करें। हम जैसे लोगों के बीच रहते हैं, हमारा जीवन वैसा ही बन जाता है। जीवन को जल की तरह कहा है। जल का अपना कोई रंग नहीं होता, उसमें जो रंग मिला दो उसका रंग वैसा ही बन जाता है। जल की एक भी बूँद जब केले पर पड़ती है तो वह कपूर बन जाता है, वह जल की बूँद अगर साँप के मुँह में जाती है तो ज़हर बन जाती है, किसी फूल पर गिरती है तो पूरे वातावरण में महक घोल देती है, वही जल की बूँद जब गर्म तवे पर पड़ती है तो वहीं नष्ट हो जाती है और वही बूँद जब स्वाति नक्षत्र में सीप में पड़ती है तो मोती बन जाती है। जल की बूँद ने जैसा संसर्ग पाया वैसा परिणाम निकला।

सच कहता हूँ
नयन का नीर
मोती भी बन सकता है
और
ज़हर भी
किसी की पीर पर
अगर
नयनों का नीर
गिरता है बूँद बनकर
तो वह करुणा है
नीर की बूँदें नही
सीप के मोती हैं
क्योंकि
नीर ही तो
स्वाति नक्षत्र की बूँद रूप
सीप में गिरकर
मोती बनता है
पर... यदि
स्वयं की साधना
या

आगत कष्टों पर
नयनों से नीर बहता है,
तो कायरता है।
वह नीर नहीं
ज़हर है विषधर का
क्योंकि
नीर ही... तो
ज़हर बनता है
विषधर के मुख से...

तो आपसे मेरा कहना है कि इस कविता के हृदय को ज़रूर स्पर्श कर लेना, एकमेक होकर नीर से करुणा का समागम और नीर का कायरता पर बहना–इस कारण को अवश्य आत्मसात कर लेना। पर कायरता का परिचय मत देना, नीर को मोती बनाना।

कुरल काव्य में लिखा है–"पानी का गुण बदल जाता है। वह जैसी जमीन पर बहता है उसमें वैसे ही गुण आ जाते हैं। उसी प्रकार मनुष्य जैसी संगति में रहता है उसमें वैसे ही गुण आ जाते हैं। नदी में बहने वाला पानी शुद्ध माना जाता है और नाली में बहने वाला पानी भी जब गंगा में मिल जाता है तो गंगा जल बन जाता है।" यह संगति का असर है। नीतिकारों ने लिखा है कि एक चींटी जब फूल से जुड़ जाती है तो देवता के चरणों में फूल के साथ वह भी समर्पित हो जाती है। उस चींटी को देवता के सिर पर बैठने का सौभाग्य मिल जाता है। इसी प्रकार व्यक्ति यदि भले जनों की संगति में रहता है तो अपने जीवन का विकास कर लेता है। कहावत है–

तुख्में तासीर सुहवते अरूर।

भूमि जितनी उत्तम होती है, उसमें बोया गया बीज उतना ही उन्नत बनता है। इसी प्रकार मनुष्य जितने उत्तम लोगों की संगति में रहता है उतना ही विकसित होता है। उसका उतना ही अधिक पल्लवन होता है। वह अपने जीवन को उतनी ही अधिक गति दे सकता है।

तो ध्यान रखो, सत्संगति बिना उत्थान सम्भव नहीं। सूक्ति मुक्तावली शतक ग्रन्थ में कहा है कि जो अज्ञानी पुरुष गुणवान पुरुषों की संगति छोड़कर

अपना कल्याण करना चाहता है, वह मूर्ख दया बिना धर्म को चाहता है, नीति मार्ग रहित होकर कीर्ति सम्पादन करना चाहता है, आलसी होकर धन कमाना चाहता है, प्रतिभा रहित होकर काव्य रचना चाहता है, समता और इन्द्रिय दमन किये बिना ही तप करना चाहता है, अल्पबुद्धि होकर शास्त्र का पारगामी बनना चाहता है, नेत्रों के बिना पदार्थों को देखना चाहता है, और चंचल चित्त होकर भी ध्यान करना चाहता है। सारांश यह है कि जैसे दया बिना धर्म नहीं, न्याय बिना कीर्ति नहीं, परिश्रम किये बिना धनोपार्जन नहीं, प्रतिभा बिना काव्य रचना नहीं, शम दम बिना तप नहीं, विशिष्ट क्षयोपशम बिना श्रुतज्ञान नहीं, चक्षु बिना पदार्थ अवलोकन नहीं, स्थिर मन बिना ध्यान नहीं होता, उसी प्रकार सत्संगति बिना मनुष्य का कल्याण भी नहीं हो सकता। यानी कल्याण का मार्ग सत्संगति के लाभ से प्रशस्त होता है। सत्संगति से क्या-क्या नहीं मिलता? अर्थात् सब कुछ मिलता है। जैसा कहा गया है कि–

हरति कुमतिं भिन्ते मोहं करोति विवेकितां!
वितरति रतिं सूते नीतिं तनोति विनीतताम्!
प्रथयति यशो धत्ते धर्म व्यपोहति दुर्गति,
जनयति नृणां किं नाभीष्ट गुणोत्तम सङ्गमः!

(सूक्ति मुक्तावली 66)

गुणी जनों की संगति खोटी बुद्धि को हटाती है, जीवों की मोह परिणति का नाश करती है, हेयोपादेय का ज्ञान प्रगट करती है, प्रेम-भाव को बढ़ाती है, नीति मार्ग का आश्रय बनाती है, विनय गुण की वृद्धि करती है, लोक में यश फैलाती है, धर्म सेवन की भावना उत्पन्न करती है, नरक-तिर्यंच गति के दुखों को हटाती है। सत्संगति मनुष्यों को कौन-कौन से इच्छित पदार्थ प्रदान नहीं करती? अर्थात् संसार में सब गुण प्राप्त करा देती है। भर्तृहरि ने भी सत्संगति का बड़ा महत्त्व बताते हुए नीति-शतक में एक श्लोक में लिखा है–

जाड्यं धियो हरति सिञ्चति वाचि सत्यं
मानोन्नतिं दिशति पापमपाकरोति।
चेतः प्रसादयति दिक्षु तनोति कीर्तिं
सत्संगति कथय किं करोति पुंसाम् ॥

अर्थात्-सत्संगति बुद्धि की जड़ता को नष्ट करती है, वाणी को सत्य से सींचती है, मान बढ़ाती है, पाप मिटाती है, चित्त को प्रसन्नता देती है और संसार में यश फैलाती है। सत्संगति मनुष्य का कौन-सा उपकार नहीं करती?

यदि फूलों के ढेर के पास बैठोगे तो सुगन्ध मिलेगी और गन्दगी के ढेर के पास बैठोगे तो दुर्गन्ध मिलेगी। यदि शोलों के पास बैठोगे तो गरमाहट मिलेगी और ओलों के पास बैठोगे तो ठंडक मिलेगी। इसी प्रकार यदि सज्जनों के पास बैठोगे तो ठंडक मिलेगी। यदि पानी दूध के साथ मिल जाये तो वह भी दूध के भाव बिकेगा। इससे विपरीत यदि दूध पानी में मिलता है तो न केवल दूध ही बल्कि पानी भी बेकार हो जायेगा। एक जौहरी की दुकान पर बैठकर तुम जौहरी और एक शराबी की दुकान पर बैठकर तुम शराबी ही बनोगे। बुरी संगत में रहकर आदमी बुरा बने या न बने किन्तु बुरा कहलाने लगता है। इसलिए कहा जाता है।

बद की सोहबत में मत बैठो
बद का है अंजाम बुरा
बद न बनो पर बद कहलाओगे
बद अच्छा बदनाम बुरा ॥

कल्पना करें, एक व्यक्ति शराब की दुकान पर जाकर बैठता है और शराबियों के साथ घूमता है। देखने वाला यही सोचता है कि यह भी ज़रूर शराब पीता होगा। वह कितना भी विश्वास दिलाये फिर भी उसकी बात का कोई विश्वास नहीं कर सकता क्योंकि उसकी संगति ऐसी है। इस संसार में बद से भी बुरा बदनाम है। बदनाम हो जाने पर कितनी ही सफाई पेश करो और सच्चाई बतलाओ पर वह शराबी ही कहलायेगा। इसके विपरीत एक व्यक्ति जो इत्र वाले की दुकान पर जाकर बैठता है, वह भले ही इत्र न खरीदे पर इत्र की सुगंध उसके मस्तिष्क में अवश्य ही ताज़गी देगी। तभी तो कहा गया है–

कबिरा संगत साधु की ज्यों गंधी को वास।
जो कुछ गंधी दे नहीं तो भी वास सुवास॥

कबीर कहते हैं संगत करो तो साधु की संगत करो। कुछ लो नहीं कुछ दो नहीं, कोई बात नहीं। साधु संगति में आने के बाद कोई ज़्यादा परिवर्तन नहीं

ला सकते कोई बात नहीं, पर जितनी देर रहोगे, उतनी देर तो परिवर्तित रहोगे, अशुभ से बचोगे।

कुरल काव्य में लिखा है—"हम समझते हैं कि मनुष्य का स्वभाव उसके मन में रहता है किन्तु वास्तव में उसका निवास स्थान उसकी गोष्ठी में है जहाँ वह संगति करता है।"

मैं सच कहता हूँ यदि हम अपने मन में पवित्रता चाहते हैं, अपने कर्म में पवित्रता चाहते हैं तो पवित्र गोष्ठी करें, पवित्रात्माओं की संगति में रहें। क्योंकि संगति की पवित्रता हमारे मन और कर्म का आधार है। मन और कर्म में पवित्रता-विशुद्धता लाना चाहते हैं तो गोष्ठी बदलो, दुष्टजनों से दूर रहो, दुर्जनों से दूर रहो। कहा भी गया है--"दुष्ट संग मय देउ विधाता, याते भलो नरक का वासा।" दुष्टों की संगति खतरे से खाली नहीं। दुष्ट-दुर्जन कोयले की तरह होता है जो गर्म हो तो जलाता है और ठंडा होता है तो कालिख-कालिमा देता है—हाथ काला करता है इसलिए दुष्टों से दूर रहना। कभी उनकी ओर निहारने की कोशिश भी मत करना। संगत तो अलग बात है। दुर्जनों की संगति कैसी है, इस बात को दृष्टान्तों द्वारा सोमप्रभ आचार्य बहुत अच्छी तरह समझाते हैं—निर्गुण (दुर्जनों) की संगति महिमा रूपी कमल को नष्ट करने के लिए तुषार के समान है, पुण्योदय रूपी मेघों को नष्ट करने के लिए तीव्र हवा के समान है। दयारूपी उपवन को उजाड़ने के लिए हाथी के समान है, कुबुद्धि रूपी अग्नि को प्रज्वलित करने के लिए लकड़ी के समान है। अन्याय रूपी लता के लिए जड़ के समान है। ऐसी वह दुर्जन संगति कल्याण के इच्छुक जनों को क्या कभी हितकर हो सकती है? कदापि नहीं। जैसे शीतकाल में हिमपात के कारण कमल का वन नष्ट हो जाता है, या तीव्र पवन से मेघ समूह, हस्ती द्वारा उपवन, वज्रपात द्वारा पर्वत आदि नष्ट हो जाते हैं, उसी प्रकार दुर्जनों की संगति से मनुष्यों की प्रतिष्ठा, कीर्ति, न्यायबुद्धि, संयम, तप आदि नष्ट हो जाते हैं। अतः भूलकर भी दुर्जनों का समागम हितकर नहीं है।

तो ध्यान रखो। **दुर्जनों की संगति कदापि नही करना। हर पल, हर क्षण सत्समागम, सत्संग की भावना रखो और ऐसी ही गोष्ठी चुनो, एवं सद्गुणों को धारण कर सन्त का आचरण करो। जो व्यक्ति साधु पुरुषों की संगति में रहते हैं वे तुच्छ रहने के बाद भी महान बन जाते हैं।** आपने पुराणों में आख्यान पढ़े होंगे—वाल्मीकि जैसा दुर्दान्त व्यक्ति भी सन्त सान्निध्य में आने के बाद सन्त बन गया।

बुद्ध के सान्निध्य में आने के बाद अंगुलिमाल का भी हृदय बदल गया। अंजन निरंजन हो गया। ये सब कुछ सन्त सान्निध्य की महिमा है।

कहा जाता है–

गगन चढ़े रज पवन प्रसंगा।

वह धूल जिसको हम रोज़ अपने पैरों से रौंदते हैं, वही धूल जब हवा का आश्रय पा लेती है, तो आकाश में छा जाती है। कभी-कभी धूल इतनी सघन छा जाती है कि सूर्य का प्रकाश भी मन्द हो जाता है। जिस धूल को आप पैरों से रौंदते हैं, वह धूल जब सन्त चरणों में लग जाती है तो वह हमारे मस्तक तक पहुँच जाती है। जिसका कोई मूल्य नहीं, वह माथे तक पहुँच जाती है। यह संगति का असर है। बिना सत्संग के जीवन का विकास किसी भी मायने में मुमकिन नहीं। चाहे नैतिक दृष्टि से विचारें या सामाजिक दृष्टि या मानसिक शुद्धि की दृष्टि–धार्मिक दृष्टि से विचारें। इसलिए तो कहा है कि हम संगति करें तो अच्छों की करें। और ऐसी ही प्रेरणा आचार्यों ने दी है। कहा भी गया है कि–

कुलीनै सह सम्पर्कः पण्डितैश्च मित्रताम्
ज्ञातिभिश्च समं मेल कुर्वाणो नावसीदति ॥

जो कुलीन व्यक्तियों से सम्पर्क रखता है और सजातीय लोगों के साथ मेल-मिलाप रखता है, ज्ञानी जनों से जो मित्रता रखता है, उसे दुनिया में कभी दुखी नहीं होना पड़ता है। क्योंकि कुलीन व्यक्ति सदैव कुल की मर्यादा का ध्यान रखते हैं। कुलीन के साथ में रहने से कुलाचार के प्रति दृष्टि होती है। ज्ञानीजनों से मित्रता रखने से ज्ञान का विकास होता है। और सजातीय लोगों से सम्बन्ध बनाने से हमारी मर्यादाएँ कायम रहती हैं। अतः इनकी संगत से हर व्यक्ति अपना नैतिक विकास कर सकता है। आत्मोन्नति की जहाँ तक बात है, वहाँ तो साधु संगति अत्यन्त महत्त्वपूर्ण है, एक क्षण की साधु संगति पूरे जीवन में परिवर्तन ला सकती है। **साधु-संगति का अर्थ है–जीवन का गुणात्मक परिवर्तन। यदि साधु-संगति में आयें तो अपने गुणात्मक परिवर्तन पर अवश्य ध्यान देना चाहिए कि मेरे जीवन में कोई बदलाव आ रहा है या नही, कोई परिवर्तन आ रहा है या नही। क्योंकि सत्संगति का औचित्य वैसा आचरण लाने से है। जब व्यक्ति अन्तस्थ से सत्संगति करता है तो उसके जीवन में बड़ा परिवर्तन आ जाता है और व्यक्ति जब ऊपर-ऊपर से साधु संगति में रहता है, उसमें कोई फ़र्क नही आता।**

चन्दन के वन में चन्दन के वृक्षों के साथ-साथ उसके आसपास के पेड़ भी महक जाते हैं। उनमें भी चन्दन की महक भर जाती है। ये चन्दन की संगति का प्रभाव है पर उसी चन्दन पर लिपटने वाले सर्पों। उन भुजंगों पर कोई फ़र्क नहीं पड़ता। चन्दन से लिपटकर रहने वाले सर्पों में कोई परिवर्तन नहीं आता, बल्कि वे तो चन्दन के वृक्षों से लिपटकर भी उस पर ज़हर ही उगलते हैं। हालाँकि उस वृक्ष को कोई फ़र्क नहीं पड़ता। धिक्कार है ऐसे सर्प स्वभावी लोगों को। कुछ ऐसे कु-स्वभावी भी होते हैं जो सत्संग व संतसंग का उपहास भी कर बैठते हैं, मुनियों की अवमानना भी कर गुजरते हैं। क्या इन्हें श्रीपाल का चरित्र याद नहीं है? जानते हो राजा श्रीपाल ने मुनि का उपहास किया था यानी मुनिधर्म का उपहास किया था एवं सात सौ लोगों ने इस कार्य की अनुमोदना की थी। पता है उसका परिणाम क्या हुआ?

सभी अगले भव में कुष्ठी हुए थे। रानी लक्ष्मीवती ने मुनिराज के प्रति गलत सोचा जिसका परिणाम उसी भव में तत्काल गलित कुष्ठ हुआ और आगे जाकर अनेक कुयोनियों में कूकरी-सूकरी हुई। राजा श्रेणिक का आख्यान तो पता ही होगा जिसने यति घात के विचार से मुनिराज यशोधर के प्रति बुरे भावों से सप्तक नरक की उत्कृष्ट आयु 33 सागर का बन्ध कर लिया और ध्यान रखो उस नरकायु को साक्षात् तीर्थेश महावीर स्वामी भी नहीं टाल पाये। वह बात अलग है कि उसने मुनिराज से क्षमा याचना, पश्चात्ताप कर जिनधर्म के प्रति सम्यक् आस्था पैदा कर आयु का अपकर्षण कर लिया। तो मुनिधर्म की निन्दा-उपहास का परिपाक बहुत कष्टकारी होता है। निधत्ति निकाधित जैसे कर्म का बन्ध तत्काल हो जाता है। अनेकों उदाहरण शास्त्रों-पुराणों में भरे पड़े हैं। सम्प्रति में भी मेरी आँखों ने प्रत्यक्ष देखे और सुने हैं। भिण्ड की घटना है कि एक व्यक्ति ने मुनिराज के प्रति बुरा सोचा था। उसका फल आज वह कुष्ठरूप में उसी समय से भोग रहा है। किन्तु, फिर भी विनाशकाले विपरीत बुद्धि वाले सावधान-सतर्क नहीं हो पाते हैं और ढोंग करके सन्तों के निकट पहुँच कमियों और बुराई रूपी मल की खोज में रहते हैं। गिद्ध की भाँति उनकी नज़र होती है। आपने सुनी होगी एक कहावत—

एक गधे ने शेर की खोल ओढ़ी
महज एक कहावत जोड़ी
वैसे यह एक मुहावरा है।
शिक्षा से भरा हुआ है

एक बात बता दूँ
सत्य से पर्दा उठा दूँ
यह मुहावरा मनुष्य पर होता है लागू
उसके वस्त्रों को खीचने पर
भीतर छिपे
सर्प-दर्प
सियार-विलाव
चील-कौआ-गिद्ध
राक्षसों के काम का पाओगे विस्तार
हिंसा-झूठ-चोरी का खुला द्वार
पाण्डित्य की खाल
असंयमियों-अज्ञानियों
भोगवादी-पौरुषहीनों ने पहन ली है
सच की आड़ में
असत्य ने चाल चल दी है।

ऐसी कहावत है कि गधे ने शेर की खाल ओढ़ी और सबको डराने-धमकाने लगा। लेकिन गधों को इतनी अक्ल कहाँ है कि शेर की खाल ओढ़ लें? गधा शब्द अपने अर्थ को, अपनी कमजोरी को स्वयं बता रहा है। "ग यानी गलत, धा यानी धारणा"। गलत है धारणा जिसकी, वह गधा है। जिसकी धारणा मुनियों के प्रति गलत है, धर्म के प्रति गलत है वह गधा है। गधे के चार पाँव हों यह नियामक नहीं है, या गधे ने शेर की खाल ओढ़ी हो यह भी सत्य नहीं है, तो सत्य क्या है? और वह लोकोक्ति किस पर लागू होती है? अब इसे समझिये। गधे में शेर की खाल पहनने की अक्ल न हो लेकिन मनुष्य में इतनी अक्ल ज़रूर है कि गधे और शेर की खाल ओढ़ ले। पण्डित का आचरण ओढ़ ले, ज्ञानी का, सद्गुरु होने का आवरण ओढ़ ले। लेकिन आवरण आवरण ही है। और गधा शेर की खाल पहन भी ले तो क्या होता है? मौके बे मौके रेक देगा। बस, सब पोल पट्टी खुल जायेगी। जरा इन नकली तथा कथित पण्डितों को, सद्गुरुओं को, ज्ञानियों को खरोंचो और प्रलोभन देकर उनके भीतर के जानवरों को, चील-कौओं को, जैसा कहा गया है–

जो रहीम उत्तम प्रकृति का कर सकत कुसंग।
चन्दन विष व्यापे नहीं लिपटे रहत भुजंग ॥

जगाओ, तो उनकी आवाज़ें बाहर सुनाई पड़ने लगेंगी। तथाकथित पण्डित और असंयमी सद्गुरु खाल ओढ़े गधे से भी बदतर है। मात्र शास्त्रीय ज्ञान से कोई ज्ञानी नहीं होता। ज्ञानी बनने के लिए आचरण का भी तो ध्यान रखना पड़ता है। सत्संग के अभाव में जीवन अस्त-व्यस्त हो जायेगा। इसलिए सत्संग की रोशनी का लाभ उठा लेना, चूक मत जाना, अन्यथा जीवन में तम की अँधियारी ही रहेगी। सत्संग वह द्वार है जहाँ से दिन-रात, आठों-याम, प्रति-पल अमृत बरस रहा है। सत्संग वह चिराग है–जिससे हर क्षण विराग की आलोक आभा स्फुरायमान हो रही है। सत्संग वह पुष्प है, जो हर समय खिला है, सदाबहार है और सतत निरन्तर-सद्गुणों की महक महका रहा है। सच तो यह है कि सत्संग व सन्तसंग धोबी घाटवत है–मगर इस घाट पर पाप धुलते हैं, अन्तस्थ कालिख-गन्दगी, कुसंस्कारों से मैली चादर प्रतिक्षण-प्रतिपल साफ़ होती है। सत्संग जीवन को स्वच्छ करने का केमिकल है। सत्संग शैतान को भी इंसान बना देता है और डाकू को भी संन्यासी या साधु बना देता है। सुना होगा अंगुलिमाल का नाम। इसके विषय में ज़रूर पढ़ा होगा। जानते हो, यह हत्यारा, पापी था। एक बार बुद्ध किसी गाँव से गुजर रहे थे। उन्हें दूसरे गाँव जाना था। उन्होंने राहगीरों से पूछा कि मुझे अमुक गाँव जाना है, कौन-सा मार्ग ठीक रहेगा? राहगीरों ने बताया कि सबसे नज़दीक का रास्ता यही है जिस पर आप चल रहे हैं, लेकिन इस मार्ग पर कोई जाता नहीं है। कारण इस मार्ग पर डाकू अंगुलिमाल रहता है जिसने लोगों की हत्या कर उनकी अँगुलियाँ देवी को चढ़ाने की कसम ले रखी है। वह अब तक नौ सौ निन्यानबे लोगों की हत्या कर चुका है और उसकी कसम पूरी होने में अब एक आदमी ही शेष है। आप इस मार्ग से मत जाइए।

पर बुद्ध उसी मार्ग पर रवाना हो गये। अंगुलिमाल ने दूर से उन्हें आते देखा तो बड़ा ख़ुश हुआ। उसकी मनौती जो पूरी होने जा रही थी। जैसे ही बुद्ध समीप आये, वह बोला, "रुक जाओ।" बुद्ध बोले, "मैं तो रुका हूँ, तुम रुक जाओ।" अंगुलिमाल चौंका कि यह आदमी तो मुझे कह रहा है कि रुक जाओ। मैं तो रुका हुआ ही हूँ। और ख़ुद को रुका हुआ कह रहा है, जबकि वह चल रहा है। अंगुलिमाल ने बुद्ध से कहा, "पहले तो मैं तुम्हें इसलिए मारना चाहता था

क्योंकि मुझे तुम्हारी अँगुली काटनी थी, लेकिन अब मैं तुम्हें इसलिए मारूँगा क्योंकि तुम झूठ बोल रहे हो। तुम कह रहे हो कि मैं रुक जाऊँ। अरे! मैं तो रुका हुआ ही हूँ, चल तो तुम रहे हो।"

बुद्ध मुस्कुराये और बोले, "मैं तो वास्तव में रुका हूँ। निरन्तर हिंसा की राह पर तुम चले जा रहे हो, इसलिए तुमसे कह रहा हूँ, रुक जाओ। मैं तो रुका हुआ ही हूँ। जिसका मन रुक गया, वह व्यक्ति रुक गया है। जिसका मन बह रहा वह व्यक्ति बह रहा है, वह चल ही रहा है। **गृहस्थ वह नही है जो संसार में बैठा है। गृहस्थ वह है जिसके पाँव किसी एक चारदीवारी से बँधे हैं लेकिन मन इधर-उधर घूम रहा है। जिसका मन टिक गया, वह मुनि और जिसका बह गया वह संसारी है।**"

इसलिए जिन शासन में बहुत अच्छा शब्द दिया है—मुनि। वास्तव में मुनि का अर्थ है—जिसका मन मौन हो चुका हो। देह से देहातीत होना इसी का नाम है। हाँ, तो बुद्ध ने जब अंगुलिमाल को ललकारा कि उठा खड्ग मार डाल मुझे मार डाल—इसका आप क्या अर्थ लगायेंगे? बुद्ध ने कहा कि "भले ही मुझे मार डाल, लेकिन एक बात का ध्यान रखना, मुझे मारने के चक्कर में कहीं तू ख़ुद न मर जाये।"

अंगुलिमाल ने बुद्ध को मारने के लिए खड्ग उठाया। बुद्ध की आँखों से करुणा और दया की वह अजस्र दृष्टि बरसी कि अंगुलिमाल का मानस ही बदल गया। जिस खड्ग से बुद्ध को मारने चला था, उससे अपने ही बाल काट लिए। डाकू मर गया, भिक्षु पैदा हो गया। वह अब डाकू अंगुलिमाल नहीं रहा।

बुद्ध रवाना हो गये। अंगुलिमाल उनके पीछे सिर झुका कर चलने लगा। दोनों शहर में पहुँच गये। बुद्ध विहार में उन्होंने डेरा डाला। उधर पूरे शहर में पहले से चर्चाओं का बाज़ार गर्म था कि आज बुद्ध अंगुलिमाल के हाथों मारे जायेंगे। लेकिन जब उन्होंने बुद्ध को जीवित देखा तो उनके आश्चर्य का ठिकाना न रहा। वहाँ के राजा ने बुद्ध के सकुशल लौटने की बात सुनी तो वह दौड़कर उनके दर्शन के लिए बुद्ध विहार पहुँचा। उसने बुद्ध को प्रणाम किया और कहा, "भन्ते! सुना है, आप अंगुलिमाल के मार्ग से आये हैं।" बुद्ध ने कहा, "हाँ।" राजा ने कौतूहल से पूछा, "तो क्या आपको वहाँ अंगुलिमाल नहीं मिला? उसने आप पर तलवार नहीं उठाई? आपको कुछ नहीं हुआ?" बुद्ध ने धीरे-धीरे मुस्कुरा कर

जवाब दिया, "अंगुलिमाल मिला उसने तलवार उठाई, मुझे कुछ नहीं हुआ, हाँ उसे ज़रूर कुछ हुआ।"

राजा की जिज्ञासा बढ़ी। उसने पूछा, "वो अंगुलिमाल अब कहाँ है?" बुद्ध ने अपने पास सिर झुका कर बैठे पुरुष की ओर इशारा किया। अंगुलिमाल को देखकर राजा चौंका, वह महल की ओर दौड़ा और सेना को सतर्क करने लगा। उधर शहर में भी यह सूचना पहुँची तो तहलका मच गया कि अंगुलिमाल संन्यासी हो गया, भिक्षु हो गया।

दोपहर के समय अंगुलिमाल ने कहा, "भन्ते! आहार के लिए जाऊँ?" बुद्ध ने कहा जाओ, "लेकिन ध्यान रखना, ये तुम्हारी आहार-चर्या नहीं, तुम्हारे पापों के प्रक्षालन की चर्या होगी। स्थिर प्रज्ञ होकर जाओ। जैसे मैं तुम्हारे सामने आया था। ऐसे गये तो जीत जाओगे, अन्यथा परास्त तो तुम हो ही।"

अंगुलिमाल शहर की गलियों में आहार के लिए निकला। वह हाथ में पात्र लेकर, सिर झुका कर जा रहा था। लोग एकत्र होने लगे। किसी ने पत्थर मारा और फिर तो जैसे पत्थरों की बौछार होने लगी। वह लहूलुहान होकर नीचे गिर पड़ा। उसके चेहरे पर लहू बहने लगा। कुछ देर बाद उसे माथे पर एक सुखद स्पर्श महसूस हुआ। उसने देखा कि बुद्ध उसका सिर सहला रहे हैं।

बुद्ध ने उससे पूछा, "वत्स! इस समय तुम्हारे मन में क्या भाव जन्म ले रहे हैं? तुम्हारी भाव दशा कैसी है?" वह बोला, "प्रभु, आप पूछते हैं? इस समय मेरे मन में महान करुणा जन्म ले रही है। क्षमा का भाव आ रहा है कि ये लोग कितने धन्य हैं। मैंने उम्र भर पाप बटोरे, लेकिन ये लोग मेरे पाप धोने में मेरी मदद कर रहे हैं। ये सभी मेरे कितने शुभचिन्तक हैं। मेरे मन में इनके प्रति करुणा उमड़ रही है।" बुद्ध की आँखें भीग उठीं। उनकी आँखों से आँसू की बूँदें निकलकर अंगुलिमाल के सिर पर गिरीं। अंगुलिमाल ने कहा, "मैं धन्य हो गया। आज आपके अश्रु मेरे सिर पर गिरे, इससे बड़ा सौभाग्य और क्या होगा?"

बुद्ध ने कहा, "वत्स! तुमने भले ही जीवन भर पाप किये, लेकिन वे बेहोशी में किये कृत्य थे। होश में किया गया किंचित पुण्य भी पापों को तिरोहित कर देता है। अब तुम डाकू होकर नहीं मरोगे, तुम भिक्षु-संन्यासी होकर जाओगे।"

तो ध्यान रखो! यह कथा यह सन्देश देती है कि आदमी जब भी जागे तब ही सवेरा है। जब आँख खुले तभी प्रभात है। आँखें ही बन्द होंगी,

तो सवेरा कैसे देख पाओगे? अंगुलिमाल की आँखें खुल गयीं सत्संग से। एक क्षण का सत्संग भी जीवन का आमूल-चूल परिवर्तन कर सकता है। सत्संग से डाकू भी भिक्षु बन गया। इसलिए मैं आपसे कह रहा हूँ—सत्संग से आँखें खोल लेना, मानवता की, सत्य-संयम-विवेक की, क्योंकि मोक्ष-मार्ग व धर्म का पथ अन्धों की रैली नहीं, आँख वालों की यात्रा है। और यह आँख सत्संग से मिलेगी। हाँ, तो सन्तों की अँगुली थाम कर रखना, **जैसे एक बालक माँ की अँगुली थामकर रखता है, मेले में गुमराह नही़ होता है, किन्तु माँ की अँगुली छूटते ही वह भटक जाता है मेले में। यदि आप सन्त की अँगुली छोड़ दोगे तो संसाररूपी मेले में भटक जाओगे। तो सत्संग कर सन्तों के आचरण से चिपक जाना—जैसे कि बन्दरिया का बच्चा अपनी माँ से चिपका रहता है।**

मैं सन्तों के चरण पकड़ने को नहीं कह रहा हूँ—चरण से आचरण पकड़ लेना। सन्त के चरण आचरण की सुगन्ध हैं। उन चरणों में चरित्र का इत्र है। वे मुक्ति पथ की ओर गतिशील हैं। रामायण का एक प्रसंग है—राम और सीता चित्रकूट में बैठे हैं। चित्रकूट का अर्थ है—जहाँ चित्त को कूटा जाये। अगर हम घर में बैठकर भी चित्त को कूटने लगें तो वह घर भी किसी चित्रकूट से कम न रहेगा। तो, राम सीता के साथ चित्रकूट में बैठे हैं। बैठे-बैठे राम ने कहा, “सीते! देखो, मेरे चरण कितने सुन्दर हैं।” सीता बोलीं, “प्रभु! लेकिन मेरे चरण तो आपसे भी सुन्दर हैं।” राम बोले, “नहीं, मेरे चरण ज़्यादा सुन्दर हैं।” सीता बोलीं, “नहीं स्वामिन्! मेरे चरण आपसे भी अधिक ज़्यादा सुन्दर हैं क्योंकि आपके चरण तो श्याम हैं और मेरे गोरे हैं।” सीता का अपना तर्क था। राम-सीता दोनों में संवाद छिड़ गया। विवाद नहीं, संवाद। विवाद तो अज्ञानियों के बीच होता है जबकि संवाद दो ज्ञानियों में होता है। बुद्धि से बुद्धि टकराती है तो विवाद होता है और हृदय से हृदय मिलता है तो संवाद होता है। संवाद की एक विशेषता है कि संवाद में दोनों में कोई नहीं हारता, दोनों ही जीत जाते हैं जबकि विवाद की एक विशेषता है कि दोनों में से कोई नहीं जीतता, दोनों ही हार जाते हैं। अहंकारी विवादी होता है। सीता और राम के मध्य विवाद नहीं संवाद हो रहा है।

तो सीता ने कहा, “स्वामिन्! मेरे चरण आपसे ज़्यादा सुन्दर हैं क्योंकि आपके श्याम हैं और मेरे गोरे हैं।” दोनों में संवाद छिड़ गया। इसी बीच में वहाँ कहीं से लक्ष्मण घूमते-घूमते आ गये। लक्ष्मण ने पूछा, “भैया! आखिर बात क्या है?”

राम ने पूरी बात बताई और कहा, “तू हमारा न्यायाधीश है। जल्दी से बता और निर्णय दे कि दोनों में से किसके चरण सुन्दर हैं?” लक्ष्मण यह सुनकर बड़े संकट में पड़ गये। सोचने लगे, “भैया-भाभी के झगड़े में मेरा क्या काम है? माँ-बाप के झगड़े में बच्चों का क्या काम?” राम बोले, “निर्णय तुम्हें ही करना है।” लक्ष्मण परेशान कि यदि प्रभु (भैया) के चरण सुन्दर बताता हूँ तो सीता मैया को कष्ट होगा; और सीता मैया के बताता हूँ तो भैया को दुख होगा। धर्मसंकट के इन क्षणों में लक्ष्मण ने जैनधर्म के मौलिक सिद्धान्त, अनेकान्त-स्याद्वाद का सहारा लिया और समाधान खोजने में तत्पर हुए। लक्ष्मण ने राम और सीता का एक-एक चरण हाथ में लिया तथा गौर से देखा और बोले, “सीता मैया के चरण सुन्दर हैं। यह सुनकर सीता बड़ी प्रसन्न हुईं बोलीं, “देखा स्वामिन्! मैंने तो पहले ही कहा था कि मेरे चरण ज़्यादा सुन्दर हैं।” लक्ष्मण बोले, “माँ! पूरी बात तो सुनो, आप तो आधी-अधूरी बात सुनकर नाच उठीं।” लक्ष्मण कहते हैं, “माँ आपको पता है कि चरण सुन्दर क्यों हैं?” सीता बोलीं, “नहीं, मुझे तो नहीं पता।” लक्ष्मण बोले, “माँ आपके चरण इसलिए सुन्दर हैं कि आप भैया के चरणों का अनुगमन करती हैं।” यह सुनकर राम प्रसन्न हो गये। बोले, “देखा, मैंने तो पहले ही कहा था कि मेरे चरण सुन्दर हैं।” तभी लक्ष्मण बोलें, “भैया आप भी आधी-अधूरी बात सुनकर प्रसन्न हो गये।” राम बोले, “अब क्या बाकी है।” लक्ष्मण ने राम से पूछा, “भैया! आपको मालूम है आपके चरण सुन्दर क्यों हैं?” राम ने कहा, “नहीं, मुझे मालूम नहीं।” लक्ष्मण ने कहा, “भैया! आपके चरण नहीं अपितु आपका आचरण सुन्दर है और आपका आचरण सुन्दर है इसलिए आपके चरण सुन्दर हैं।”

यह जीवन का सूत्र है–मनुष्य का आचरण पूजा जाता है चरण पूजा के बहाने। और सच है कि आचरण से व्यक्ति महान होता है। इसलिए सन्त आचरण से महान होते हैं। तो आप सत्संग करके सन्तों का आचरण ज़रूर पकड़ लेना, सारी अकड़ को छोड़कर।

कुछ ऐसे भी लोग होते हैं जिनका गुणात्मक दृष्टिकोण नहीं होता। वे उस सर्प की तरह होते हैं जिसको दूध भी पिलाओ तो भी वह विष नहीं छोड़ता। नाग ज़हर ही उगलेगा। हाँ, ऐसे दुर्जन स्वभाव वाले नाग होते हैं या मच्छर, डांस-जोंक होते हैं, जो सदैव दोषदृष्टि के साथ सन्त सान्निध्य में पहुँचकर दोष खोजते रहते हैं। सन्तों में बुराइयाँ-कमियाँ खोजते रहते हैं। छिद्रान्वेषी यानी जिन्हें नरक-निगोद जाना अच्छा लग रहा है। ऐसे निन्दक धर्म-विध्वंसक भी

सत्समागम का दिखावा करते हैं। अन्तरंग को मैला-मटमैला-काला रखकर, बगुले की तरह 'मुख में राम बगल में छुरी' वाली कहावत को चरितार्थ करने के लिए, शकुनि-नारद-मन्थरा की प्रवृत्ति से भरे। हाँ, तो इनकी प्रवृत्ति सत्संगत की नहीं बल्कि कपट वृत्ति कहलाती है। ऐसे भुजंगों का जीवन पृथ्वी पर भार रूप माना जाता है, क्योंकि वे पातकी हैं। सूअर की भाँति गन्दगी ही देखना इन लोगों का स्वभाव बन जाता है। वह सूअर भी अच्छा है जो कम-से-कम गली की सफाई तो रखता है। किन्तु छिद्रान्वेषी, सन्तों की, धर्मात्माओं की कमियाँ दोष देखने वाले निन्दक तो उस सूअर से भी बदतर हैं क्योंकि ये स्वयं के जीवन में, मस्तिष्क में गन्दगी भर फैलाते हैं, धर्म को बदनाम करने की कोशिश करते हैं। अन्य का भी माथा खराब करते हैं। तभी तो रयणसार ग्रन्थ में कुन्दाकुन्दाचार्य ने लिखा है कि निम्न प्रवृत्ति वाले लोग जिनधर्म विनाशक होते हैं।

वाणर-गद्दह-साण-गय वध-वराह कराह।
मक्खि जलूय सहावणर जिणवर धम्म विणास।।45।।

बन्दर, गधा, कुत्ता, हाथी, बाघ, सूकर, कछुआ, मक्खी, जोंक के स्वभाव वाले मनुष्य जिनेन्द्र देव के श्रेष्ठ धर्म के विनाशक होते हैं। जैसे बन्दर चंचल स्वभावी होता है, चंचलता में हाथ में आयी उत्तम वस्तु को भी तोड़-फोड़ कर समाप्त कर देता है, इसी प्रकार चंचल स्वभावी मानव धर्म के विनाशक होते हैं। "पशुनाम चाण्डाल गर्दभः"। पशुओं में गधे को चाण्डाल की उपमा दी गयी है क्योंकि गधा घास खाते समय जड़ से उखाड़ कर खाता है। आगम में कथन है कि जड़ से उखाड़कर खाने वाला कृष्ण लेश्या वाला है। कृष्ण लेश्या वाला गर्दभ स्वभावी है। अतः धर्म विनाशक है। कुत्ता साधर्मी को देखकर भौंकता है, गुर्राता है, उत्तम भोजन मिलने पर भी नहीं खाता, मल/गन्दगी खाता है। उसकी पूँछ सौ बार सीधी करो, टेढ़ी ही रहती है। वैसे ही श्वान स्वभाव वाले जीवों को साधर्मी का सत्संग नहीं रुचता है। वे धर्मात्माओं को देखकर कुत्ते की तरह चिल्लाते हैं, गरजते हैं, घर का शुद्ध भोजन उन्हें नहीं रुचता। बाज़ार का अभक्ष्य भी रुचि से खाते हैं। ये श्वान स्वभाव वाले भी धर्म विनाशक हैं। सूकर को मल-प्रिय है। शुद्ध मिष्ठान सामने रखने पर भी मल की ओर ही दौड़ता है। सूकर स्वभाव वाले मानव पाप प्रकृति युक्त होते हैं, गुणों को नहीं, सदा दोषों को देखने में आनन्द लेते हैं। ये धर्म विनाशक हैं।

हाथी स्वभावतः अधिक समय जलाशय में स्नान करके भी पुनः मिट्टी या कीचड़ से स्वयं अपने शरीर को गन्दा कर लेता है। इसलिए अज्ञानियों की क्रिया सविपाक निर्जरा का कारण होते हुए भी 'सँवर' से रहित होती है। उसे गजस्नान की तरह ही माना गया है। जिस प्रकार हाथी स्पर्शन इन्द्रिय से सम्बन्धित विषय-सुख में आसक्ति रखने के कारण अपने विनाश का स्वयं कारण बनता है, इसी तरह विषयासक्त जीव अपना अनिष्ट ही करता है। ऐसे जीव भी धर्म विनाशक होते हैं। व्याघ्र हिंसाप्रेमी व मांसाहारी होता है। वह निर्दय होकर निर्बल प्राणियों को मारता है। हमेशा क्रूर दृष्टि वाला एवं प्राणियों में भय पैदा करने वाला होता है। इस तरह जो व्यक्ति निर्दय, करुणाहीन, हिंसाप्रेमी व रौद्र रूप वाला होता है, वह अप्रशस्त ध्यान व पापपूर्ण आचरण से अपना अनिष्ट तो करता ही है, जैन धर्म की छवि को भी मलिन करता हुआ धर्म का नाशक ही होता है।

कछुए की पीठ इतनी सख्त होती है कि गोली भी मारो, कोई असर नहीं होता। उसी प्रकार कछुआ स्वभाव वाले मनुष्यों को कितना भी धर्म समझाओ, उन पर उसका कोई असर नहीं होता। अपनी बात को सही करने के लिए ऐसे दृढ़ रहेंगे कि सौ मारो, सहन करेंगे पर पाप को नहीं छोड़ेंगे। ऐसे जीव भी धर्म के विनाशक होते है। मक्खी के समान लोभी जीवों को धर्म की रुचि नहीं होती है। मक्खी स्वभाव को कहा है–

माखी गुड़ में गड़ी रहे, पंख रह्यो लिपटाय।
हाथ मले और सिर धुने, लालच बुरी बलाय ॥

तो ऐसे स्वभाव वालों को धर्म सत्संग सुहाता नहीं। कहा भी गया है–

पापी लोभी जीव को, धर्म कथा न सुहाय।
कै उँगे के लड़ मरे, कै उठ घर को जाय ॥

जोंक सदा खून चूसती है। उसी प्रकार जो जीव गुणों को छोड़कर अवगुणों को ग्रहण करते हैं, वे जोंक स्वभावी जीव धर्म विध्वंसक हैं। तो आपसे मैं यही कह रहा हूँ, ऐसी प्रवृत्ति से सत्संग नहीं करना। करना तो उस सिंह जैसा करना जिसने उभय मुनिराजों के क्षणिक सान्निध्य से उनकी देशना को आचरित कर लिया और जीवन की बुरी प्रवृत्ति हिंसा को छोड़ दिया।

जानते हो, वही तीर्थेश महावीर अहिंसा का मसीहा, अहिंसा उद्घोषक बना था। तो हे नरसिंहो! क्या आप उस सिंह या उस सियार जैसी प्रवृत्ति-आचरण को नहीं ला सकते हो? सियार ने रात्रि भोजन का त्याग किया था। सन्त समागम से वही आगे जाकर राजा प्रीतिंकर बना था और निग्रन्थ दीक्षा लेकर मुक्तिगामी हुआ। वह हाथी भी सन्त सान्निध्य उपदेश से सुधर गया जो कि तीर्थंकर पार्श्वनाथ बना था। तो आप संगति करना सुधरने के लिए, उत्कर्ष की भावना से, क्योंकि सत्पुरुषों की क्षणिक संगति भी तारने वाली सिद्ध हो जाती है। जबकि दुर्जन की क्षणिक संगति मारक सिद्ध हो जाती है। विद्युत्चोर ने जम्बूस्वामी की क्षणिक संगति की और उसके जीवन में वैराग्य घटित हो गया। उसने प्रातः ही जम्बूस्वामी से पहले ही दिगम्बर दीक्षा धारण कर ली। किन्तु चारूदत्त ने वेश्या की क्षणिक संगति से जीवन को व्यसनी बना दिया। इसलिए मैं सन्तसंगत की चर्चा आपके उत्थान की भावना से कर रहा हूँ कि आप भी सन्त समागम कर जीवन को रूपान्तरित करें। किन्तु श्रद्धा-समर्पण के साथ सन्तसंगत करना, अभिमान की अकड़ से नहीं। क्योंकि श्रद्धा का सामीप्यपना हमें सन्त आचरण जोड़ता है, उस जीवनशैली की ओर मोड़ता है। किन्तु अहं की अकड़ उस आचरण को पकड़ नहीं पाती। अकड़ में पकड़ सम्भव नहीं। और अकड़ का अर्थ ही है-- अ + कड़ जहाँ से आस्था कड़ गयी। आचरण कड़ गया यानी आस्था-आचरण निकल गया। तो अकड़ को छोड़कर जाना सत्संग में। नियामक जीवन में बदलाव आयेगा क्योंकि एक क्षण की भी सन्त संगति अतिशयकारी है—पूरे जीवन के ही बदलने में प्रबल कारण है। आचार्य शान्तिसागर जी के साथ उनके एक शिष्य थे पायसागर। सुना होगा आप लोगों ने उनका नाम। क्योंकि आचार्य पायसागर बनकर वे बड़े तपस्वी व प्रभावी सन्त हुए। वे कहा करते थे, "मैं तो पापसागर था। आ. शान्तिसागर जी ने मुझे पायसागर बना दिया।" वे सारे व्यसनों में पारंगत थे यानी सप्त व्यसनी थे। एक दिन अचानक वे शान्तिसागर जी के पास पहुँचे और अपना ज्ञान उन पर थोपने का प्रयास करने लगे। बातचीत के दौरान उन्होंने कहा, "महाराज आप मुनि किसलिए बने हो?" महाराज ने कहा, "मोक्ष मिलता है मुनि बनने से।" "तो आज तो मोक्ष का रास्ता बन्द है। चौथे काल में मिलता है। महाराज जब चौथे काल में मोक्ष मिलता है, तो आज मुनि बनने का क्या औचित्य?" पायसागर ने कहा। महाराज ने सोचा, "इसे शब्दों के ज्ञान की अपेक्षा अनुभव ज्ञान से समझायें तो ठीक रहेगा।"

तब उन्होंने कहा, "यह बताओ कि सामने जो पेड़ खड़ा है, वह कौन-सा पेड़ है?" उसने कहा, "आम का।" महाराज बोले, "जाओ उससे दो-चार आम तोड़ के लाओ।" उसने कहा, "महाराज, भादो के महीने में आम कहाँ से मिलेंगे?" "आम अभी नहीं मिल सकते तो आम का पेड़ क्यों कह रहे हो?" महाराज ने कहा। "महाराज इसलिए कि अभी आम नहीं लगा पर मौसम आयेगा तब लगेगा।" पायसागर ने कहा। महाराज ने कहा, "'वही तो हम कहते हैं मोक्ष अभी नहीं मिलता तो आगे मिलेगा।" इसमें क्या बुराई है? किन्तु वृक्ष होगा तभी तो आम लगेगा। ऐसे ही आज हमने मुनि बनकर वृक्ष तैयार कर लिया, अब मोक्ष फल लग जायेगा। बस इतना सुनना था कि उनका हृदय परिवर्तन हो गया, अभिमान चूर-चूर हो गया। पूरा का पूरा जीवन ही बदल गया। वो ही आगे चलकर पायसागर बने। ऐसे बहुत सारे लोग हैं जो साधु संगति से आत्मोन्नति के मार्ग खोल लेते हैं। मैं स्वयं धर्म से बहुत दूर था। सन्तदर्शन को कभी जाता भी नहीं था। लौकिक श्रेष्ठ अध्ययनरत था। किन्तु अचानक किसी निमित्त से पहली बार किसी सन्त-वात्सल्य पुंज आचार्य के दर्शन किये और उस विराग की मूर्ति आचार्य विरागसागर ने ऐसा खींचा कि मेरे जीवन को ही परिवर्तित कर दिया। मेरा सोच-विचार-आचार सम्यक्-संयमित बना दिया। तो यही सन्तसंगत या सन्त समागम की सार्थकता है। कहा भी है–

एक घड़ी आधी घड़ी, आधी में पुनि आधि।
तुलसी संगत साधु की हने कोटि अपराध ॥

यदि तुम एक घड़ी भी साधु संगति करो तो नितान्त करो। एक घड़ी नहीं कर पाओ तो कोई बात नहीं, आधी घड़ी ही सही। इतनी भी न कर सको तो आधी से आधी, आधी की आधी भी कर लो। तो ध्यान रखो, करोड़ों अपराध एक क्षण की भी साधु संगति से दूर हो सकते हैं। 6 मिनिट की साधु-संगति से भी तुम्हारे बहुत से अपराध धुल सकते हैं पर संगति आन्तरिक होनी चाहिए। तभी तो कहा गया है–सत्संग बड़ा दुर्लभ होता है। कहा गया है कि–

सन्त समागम हरिभजन जग में दुर्लभ होय।
सुत दारा अरु लक्ष्मी पापी के भी होय ॥

तो सत्संग का बड़ा महत्त्व है ऐसा कहा गया है। एक महिला ने प्रवचन कथा में सुना कि सत्संग से वैकुण्ठ मिलता है, क्योंकि सन्त हरिद्वार हैं और

सत्संग गंगा स्नान है (वैष्णव मतानुसार)। दूसरे दिन जाकर उसने अपने पति से कहा, "देखो एक बहुत बड़े सन्त आये हैं और उनका सत्संग चल रहा है। सारा गाँव सत्संग का लाभ ले रहा है। बड़ा आनन्द बरस रहा है, तुम भी सत्संग का लाभ लो क्योंकि सत्संग का फल वैकुण्ठ है।" पत्नी के विशेष आग्रह पर वह दूसरे दिन सत्संग में गया। वहाँ जाकर सत्संग में बैठा और 10-15 मिनिट बाद बार-बार इधर-उधर देखने लगा कि वैकुण्ठ ले जाने वाला कोई विमान आया या नहीं। घण्टा भर वह बैठा रहा वहाँ। विमान कहाँ से आना था। जब उसे लगा कि अब कोई विमान आने वाला नहीं है, कोई वैकुण्ठ मिलने वाला नहीं है तो गुस्से से उठा और सन्त को भला-बुरा कहते-कहते सत्संग से बाहर निकल गया।

घर जा रहा था। गुस्से में तो था ही। रास्ते में नारद जी मिल गये। नारद जी ने पूछा, "भाई! क्या बात है? किसे गाली दे रहे हो?" बोला, "ये सन्त लोग बड़े धोखेबाज होते हैं। जनता को गुमराह करते हैं कि सत्संग से वैकुण्ठ मिलता है। अरे! मैं वहाँ घण्टा भर बैठा पर वहाँ वैकुण्ठ तो क्या एक कप चाय भी नहीं मिली।" उस आदमी ने नारद जी से कहा, "आप ही बताइये, सत्संग का क्या महत्त्व है? क्या सत्संग से वाकई वैकुण्ठ मिलता है?" नारद जी ने कहा, "भाई! सत्संग तो मैं भी करता हूँ लेकिन सत्संग का महत्त्व मुझे भी नहीं मालूम।" नारद जी ने कहा, "अच्छा, ऐसा करते हैं शंकर जी से चलकर पूछते हैं, वे ही बतायेंगे कि सत्संग का क्या महत्त्व है।" नारद जी उस व्यक्ति को लेकर शंकर जी के पास पहुँचे। शंकर जी से नारद जी ने कहा, "सत्संग का महत्त्व बताइये। यह व्यक्ति जानना चाहता है।" शंकर जी बोले, "भाई सत्संग का महत्त्व तो मैं भी नहीं जानता। अच्छा, हम ब्रह्मा जी के पास चलते हैं। वे ही सत्संग का महत्त्व बतलायेंगे।" शंकर जी, नारद जी और वह व्यक्ति तीनों चलकर ब्रह्मा जी के पास पहुँचे और उनसे यही प्रश्न किया, "सत्संग का क्या महत्त्व है? यह बताइये।" ब्रह्मा जी मुश्किल में पड़ गये। बोले, "भाई मुझे तो मालूम नहीं। इसका उत्तर तो विष्णु जी ही दे सकते हैं। हम विष्णु जी के पास चलते हैं।"

ये सभी वैकुण्ठ धाम पहुँचे तो वहाँ विष्णु जी विराजमान थे। विष्णु जी ने देखा कि आज तो बड़े-बड़े महापुरुष एक साथ आये हैं। कारण पूछा तो नारद जी ने कहा, "भगवन्! यह व्यक्ति सत्संग का महत्त्व जानना चाहता है और हममें से किसी को इसका महत्त्व मालूम नहीं इसलिए आपके पास आये हैं।

कृपया, आप सत्संग का महत्त्व समझायें।" विष्णु जी ने उस व्यक्ति से कहा, "बोल भाई! तूने अभी तक सत्संग का क्या महत्त्व सुना था?" उस व्यक्ति ने कहा, "मैंने सुना था कि सत्संग से वैकुण्ठ मिलता है। मैंने घण्टे भर का सत्संग किया पर मुझे तो कोई वैकुण्ठ नहीं मिला।" विष्णु जी ने उससे कहा, "अरे भोले प्राणी! साक्षात्, ब्रह्मा, विष्णु, महेश तेरे सामने खड़े हैं–तो, यह वैकुण्ठ नहीं तो क्या तेरा घर है? अगर तू घण्टे भर का सत्संग नहीं करता तो तू क्या यहाँ तक आ सकता था? देख, घण्टे भर के सत्संग का फल कि तीन-तीन देव तेरे सामने खड़े हैं। श्रद्धा बड़ी चीज़ है, श्रद्धा ही फल देती है।" हाँ तो इस दृष्टान्त का महत्त्व पकड़ना है। सत्संग के महत्त्व को पकड़ना है, सन्तत्त्व पैदा करना है। सत्संग से–सत्य का गन्तव्य चुनना है। दिगम्बर गुरुओं की वाणी–जिनेन्द्र की वाणी–आत्मकल्याणी को चुनना है, यही तो सत्संग का महत्त्व है।

तो, सत्संग का जीवन में बड़ा गहरा महत्त्व है। इसलिए सन्तों की अँगुली थामकर रखो। जैसे बन्दर का बालक अपनी माँ से चिपका रहता है वैसे ही तुम सन्तों से चिपके रहो, जुड़े रहो प्रशस्त भावना से। तुम्हारा इसी में कल्याण है। भीड़ भरे मेले में जब तक बच्चे की अँगुली माँ के हाथ में होती है तब तक बालक का जीवन सुरक्षित होता है लेकिन ज्यों ही माँ की अँगुली छूटती है तो बालक भीड़ में खो जाता है और उसका जीवन असुरक्षित, संकटापन्न हो जाता है। जब तक तुम्हारे जीवन की अँगुली किसी सन्त ने थाम रखी है, तब तक संसार का कोई थपेड़ा तुम्हारा कुछ नहीं बिगाड़ सकता और अगर अँगुली छूट गयी तो फिर रोना ही रोना या पाप बीज बोना ही बोना या संसार में खोना-खोना ही शेष रह जायेगा। तभी मैं कह रहा हूँ जीवन में गुरु ज़रूर चुन लेना, तुम्हारी नैया पार हो जायेगी क्योंकि गुरु माँझी-नाविक होते हैं जो दिव्य रत्नत्रय की नौका पर सवार होते हैं। "रयणत्तय दिव्य णावाय"। तो आप भी गुरु को अवश्य चुन लेना, सत्संग कर उनसे रत्नत्रय नौका ले लेना, वे तुम्हें तार देंगे क्योंकि वे तारण-तरण होते हैं। उनके जीवन में उठो-उठाओ, जगो-जगाओ, चलो-चलाओ, सँभलो-सँभालो, बढ़ो-बढ़ाओ, तरो-तारो का पावन सूत्र होता है। उनके पास ऐसा मन्त्र-तन्त्र और यन्त्र होता है कि वे तुम्हारी जीवन नौका को पार लगा देंगे। तो वास्तव में सत्संग जीवन की संजीवनी घुटी है, वह रसायन है जो हमारे आत्मिक रोगों को दूर करती है। वह परमौषधि है–जन्म, जरा, मृत्यु को क्षय करने में परम साधक सिद्ध होती है।

तो ध्यान रखो सत्संग के इस आदर्श प्रसंग को, यह जीवन का आदर्शोत्तम प्रसंग है, एक महाप्रसंग है, स्वीकारो प्रसन्नता से इस जीवन के दिव्य द्वार को। क्योंकि सत्पुरुषों का सत्संग जीवन में जीवन्त सुधा घोल देता है। ज्ञानार्णव ग्रन्थ में बहुत अच्छी विवेचना की गयी है इस सन्दर्भ में। **ज्ञानार्णवकार कहते हैं कि सत्पुरुषों की पवित्र वाणी जिसके कानों में प्राप्त होकर हृदय में प्रकाशमान नही वह रंक अन्धा ही है, क्योंकि सत्पुरुषों की वाणी मनुष्य के हृदय नेत्र को खोल देती है। सो जिसके हृदय में सत्पुरुषों की वाणी ने प्रवेश नही किया वह वास्तव में अन्धा ही है। तो सत्संग के अभाव में मानव अन्धा है, लूला है, लँगड़ा है।** शुभचन्द्राचार्य कहते हैं कि–सत्पुरुषों के संसर्ग रूपी अमृत के झरने से पुरुषों का हृदय पवित्र होता है जिसमें विवेक से प्रसन्न हुई ज्ञान लक्ष्मी निवास करती है। मनुष्यों का चित्तरूपी कमल यदि वृद्ध पुरुषों के उपदेश रूपी सूर्य को प्राप्त होकर प्रफुल्लित हो जाय तो उसमें संयम रूपी लक्ष्मी क्यों नहीं निवास करें? अर्थात् सत्पुरुषों के वचन जब चित्त में रहें तब ही संयम दृढ़ रहता है एवं संयमी पुरुष ही अपना आत्महित कर सकता है। किन्तु जो पुरुष अल्पशक्तिवाला है और सत्पुरुषों की मण्डली में रहे बिना ही जगत् के तत्त्वस्वरूप की अवस्था को जानना चाहता है, वह आकाश को हाथों से मापता है। तो ध्यान रखो, सत्पुरुषों की संगति बिना जगत की रीति-नीति की जानकारी भी सम्भव नहीं। क्योंकि ज्ञानार्णव ग्रन्थ में ही कहा गया है–

सुधांशुरश्मि संपर्काद्विसर्पति यथाम्बुधिः।
तथा सद्वृतसंसर्गान्नृणां प्रज्ञापयोनिधिः।। (ज्ञा.आ. 15/17)

अर्थात् जिस प्रकार चन्द्रमा की किरणों से समुद्र बढ़ता है, उसी प्रकार समीचीन व्रतों के धारण करने वाले सत्पुरुषों की संगति से मनुष्यों का प्रज्ञारूपी समुद्र बढ़ता है। और भी कहा गया है–संयमी मुनियों की संगति से आशा नष्ट होकर चित्त शान्ति को प्राप्त होता है। सत्पुरुषों-मुनियों की संगति करना आत्मोत्थान का मूल कारण है। जिनकी आत्मा सत्पुरुषों के संसर्ग रूपी अमृत झरने से आर्द्र (भीगी हुई-गीली) रहती है, उन पुरुषों को ही भोग सुलभ होते हैं और उनके ही उन प्राप्त हुए भोगों में तृष्णा की निवृत्ति (निःस्पृहता) होती है।

कातरत्वं परित्यज्य धैर्यमेवावलम्बते।
सत्सङ्ग परिज्ञान-ञ्जितात्मा जनः स्वयम्।। (ज्ञा.आ. 15/21)

सत्पुरुषों की संगति से ज्ञान होता है और कायरता नष्ट होकर धीरता आती है। कष्ट आने पर पुरुष समीचीन मार्ग से च्युत नही होता। सत्पुरुषों की संगति से उत्पन्न हुआ मनुष्यों का विवेक मिथ्यात्वादि पर्वतों के ऊँचे शिखरों को खण्ड-खण्ड करने के लिए वज्र से अधिक अजेय है। और सच भी है—सत्संगति आत्मार्थी को परमदायिनी विद्या है। सन्त-संगति का प्रभाव इतना प्रबल होता है कि जीवों को समस्त विद्याओं में चतुरता और विनय में अति प्रवीणता तथा अपने सिद्धान्त में भावों की शुद्धि अर्थात् निःसन्देहता आदि गुण प्राप्त हो जाते हैं। जैसे-जैसे पुरुष अपने चित्त को सत्पुरुषों की संगति में लगाता है—वैसे-वैसे ही उससे तपरूपी लक्ष्मी उत्तम प्रीति को प्रगट करती है। हाँ एक बात और है कि कर्मों के उदय से परिणाम बिगड़ने लग जाये तो महापुरुषों-सन्त पुरुषों-प्रज्ञा पुरुषों की संगति में रहने से भय, लज्जा व अपने स्वाभिमान के कारण वह पुरुष सन्मार्ग से च्युत नहीं होता। इसी कारण सत्पुरुषों की संगति अतिशयवंत श्रेष्ठ है, परम श्रेयस्कर है।

तो ध्यान रखना! जीवन में कुछ करो या न करो, सत्पुरुषों की संगति नियामक कर लेना। क्योंकि महापुरुषों की संगति का लाभ सहज उत्तम गति है। आगम कहता है—साधु-सन्तों की संगति करके जो इनकी वैयावृत्ति-उपासना करता है वह शीघ्र मुक्ति को पाता है। "ज्ञानार्णव" में स्पष्ट लिखा है कि सत्पुरुषों की संगति से मुक्ति की युक्ति मिलती है। उनके उपदेश का एक अक्षर ही मुक्ति का बीज होता है, क्योंकि सदुपदेश के प्राप्त होने से स्वप्न में भी कुबुद्धि का प्रादुर्भाव नहीं होता। कभी दुर्गति नहीं होती।

यह मुमकिन नहीं है कि एक घण्टे के सत्संग में सारी बातें आपके हृदय को स्पर्श करें या चोट पहुँचायें। यदि चोट लगनी होती है तो एक छोटी-सी कंकरी भी आँख को फोड़ने के लिए पर्याप्त है और नहीं लगनी हो तो तीर भी आँख को क्षति नहीं पहुँचा सकता। सारी बात तो चोट लगने की है यानी जाग्रत होने की है। सत्संग पाकर लुटेरा वाल्मीकि सन्त वाल्मीकि बन गया था। महाश्रमण भगवान महावीर के दर्शन मात्र से अभिमानी इन्द्रभूति, गौतम, अग्निभूति, वायुभूति आदि निरभिमानी होकर गणधर परमेष्ठि बन गये। कहते हैं—महापुरुषों के सत्संग से या संसर्ग से या उनकी आभा मात्र में आने से जन्मजात शत्रु-बैरी, सर्प-नेवला, विलाव-श्वान, गाय-सिंह एक साथ मिलकर प्रेम से आप्लावित हो उठते हैं।

लुकमान हकीम के जीवन काल की अन्तिम घटना है। वे एक ख्याति प्राप्त विद्वान और सदाचारी व्यक्ति थे। जब वे मरण शय्या पर अपनी अन्तिम साँसें ले रहे थे तब उन्होंने इशारे से अपने बेटे को पास बुलाकर कहा, "बेटा! मैंने तुझे यूँ तो समय-समय पर अनेक शिक्षाएँ दी हैं पर जाते-जाते एक अन्तिम शिक्षा और देना चाहता हूँ।"

इतना कहकर लुकमान ने इशारे से बेटे को कहा, "पूजा कक्ष में से धूपदानी उठा लाओ।" जब वह धूपदानी लेकर हाज़िर हुआ तो लुकमान ने उसमें से चुटकी भर चन्दन लेकर उसके हाथ में थमाया और इशारे से दिग्दर्शित किया, "अब चूल्हे में से कोयला उठाकर लाओ।"

जब बेटा कोयला लेकर आया तो दूसरी हथेली में कोयले को रखने का आदेश दिया। फिर लुकमान ने कहा, "अब इन दोनों को अपने-अपने स्थान पर पुनः रखकर आओ।" बेटे ने वैसा ही किया। उसकी जिस हथेली में चन्दन था वह हथेली चन्दन की सुवास से अब भी महक रही थी। और जिस हथेली में कोयला था वह हथेली कोयला छोड़ देने पर भी काली दिखाई दे रही थी।

लुकमान हकीम ने तथ्य स्पष्ट करते हुए बेटे को समझाया, "एक बात याद रखना—अच्छे आदमियों का संग चन्दन के जैसा है। जब तक संग में रहेगा तब तक तो ख़ुशबू मिलेगी ही और संग छूटने के बाद भी अच्छे विचारों की सुगन्ध से ज़िन्दगी तरोताजा हो जायेगी। दुर्जनों का संग कोयले जैसा है। जब तक हाथ में कोयला है तब तक वह हाथ काला है ही किन्तु छोड़ देने पर भी उस कालिमा का कलंक सदा बना रहता है। अतः बेटा, जीवन में चन्दन जैसे आदमियों का संग करना और कोयले जैसे कुसंग से दूर रहना।"

तभी तो कहा गया है—'चन्दन की चुटकी भली गाड़ी भरा न काठ'। अर्थात् चन्दन की चुटकी भी मन को आह्लाद से भर देती है जबकि गाड़ी भर लकड़ी भी इस कार्य को सम्पन्न नहीं कर सकती।

तो मैं आपसे यही कह रहा हूँ—जीवन में सत्संग के गीत ज़रूर लिख लेना। जीवन में कुसंग की गाली नहीं सन्तसंगति का पावन-गीत लिखकर आत्म-संगीत पैदा करना ही मानवता की सार्थकता है क्योंकि सन्तसंगति से ही सुसंस्कार आते हैं एवं कुसंगति से कुसंस्कार का आगमन होता है।

एक मूर्तिकार विशाल पत्थरों की चट्टानों को निहारता हुआ चला जा रहा था। वह विशाल चट्टान से पत्थर को निकालकर हथौड़ा, टॉची लगा-लगाकर

उसकी सारी अशुद्धि को निकालने लगा। धीरे-धीरे चमत्कार पैदा हुआ। मूर्तिकार के अमूल्य संस्कारों को प्राप्त कर पाषाण ने भव्य वीतराग मूर्ति का रूप धारण किया। सभी को वह आकर्षित करती रही। पर अभी किसी का मस्तक झुका नहीं पायी। समय बीता। दिगम्बर सन्तों के सम्पर्क को पाकर मूर्ति संस्कारित की गयी। गर्भ, जन्म, तप, ज्ञान, मोक्ष कल्याणक एवं आचार्य प्रदत्त सूरिमन्त्र रूप मन्त्रों से संस्कारित मूर्ति मानो जीवन्त ही हो उठी। कुछ ही क्षणों में वह भगवान बन गयीं। सभी लोग चरणों में शीश झुकाने लगे। एक पाषाण भी मूर्तिकार और उत्तम गुरुओं के संस्कारों से संस्कारित हो भगवान बन सकता है तो साक्षात्-चैतन्य मानव, मानवीय संस्कारों को प्राप्त कर, दानवता का नाश नहीं कर सकता है? अवश्य ही कर सकता है।

संस्कार की एक लहर पाकर पुष्पों की माला बन गयी। या यों कहें कि पुष्प माली या धागे की संगति से हार बन गया। शिल्पकार की संगति पाकर पाषाण उसकी कला से मूर्ति बन गया एवं सन्तों-मुनियों के सत्संग से संस्कारित होकर पाषाण भी भगवान बन गया अर्थात् सन्त के संसर्ग से पाषाण भी पूज्य बन गया। तो सत्संग से प्रदत्त संस्कार की एक किरण पाकर बालक को मुनि बनाया जा सकता है और चाहे तो सत्संग के अभाव में बड़ा भारी डाकू बनाया जा सकता है।

हीरा चमकता है घिसने के बाद
सोना चमकता है तपने के बाद
मेंहदी रंग लाती है पिसने के बाद
और जीवन रंग लाता है सत्संग के बाद

तो मैं आपसे सत्संग की बात कर रहा हूँ—यथा संगत तथा रंगत। क्योंकि यह सच है कि जीवन में जैसी संगत होगी वैसी तुम्हारी आचरण शैली होगी। मनुष्य जैसे लोगों के बीच रहता है, जिन लोगों के बीच उठता-बैठता है, उसका आचार-विचार वैसा ही बन जाता है।

एक बार एक राजा जंगल की ओर जा रहा था। मार्ग में लुटेरों, डाकुओं का इलाका था। राजा अपने काफिले के साथ जैसे ही उधर से निकला तो उसे एक तोते की आवाज़ सुनाई पड़ी। 'वध्यताम् लूट्यताम्' मारो-मारो, रोको-रोको, पकड़ो-पकड़ो। राजा को बड़ा विस्मय हुआ कि ये कैसा तोता है। शायद डाकुओं को सूचना दे रहा है। राजा को गुस्सा आया पर राजा आगे बढ़ गया।

थोड़ी दूर चलकर वह सन्तों के एक आश्रम में पहुँचा। जैसे ही आश्रम में पहुँचा तो देखा कि द्वार पर एक तोता था, उस तोते ने बड़े मधुर स्वर में कहा, " 'स्वागतम् सुस्वागतम् पधार्यताम्' अतिथि देवो भव।" राजा को बड़ा आश्चर्य हुआ। तोते की आवाज़ सुनकर ऋषिगण बाहर आ गये। ऋषियों ने राजा का सत्कार किया, अपने आश्रम में उगे फल-फूल से राजा को सन्तुष्ट किया। राजा से रहा नहीं गया। उसने ऋषियों से पूछा, "ऋषिवर, यह क्या देखा। एक ही कुल में दो तोते जन्मे, दोनों का कुल एक, दोनों का वंश एक, दोनों की जाति एक, पर मैं अभी क्या देख रहा हूँ कि रास्ते में मुझे जो तोता मिला वह मेरे लिए अशोभनीय शब्द बोल रहा था, गालियाँ दे रहा था, मारने और पकड़ने की बात कर रहा था और यह तोता मेरा स्वागत कर रहा है, सुष्ठु वचन बोलकर प्रेम बरसा रहा है।"

ऋषियों ने कहा, "राजन्, बात कुछ नहीं। इनमें दोष तोतों का नहीं उन्हें पालने वालों का है।" राजा को बात समझ में नहीं आयी। ऋषियों ने कहा, "यह सच है कि दोनों एक ही माँ की सन्तान हैं, पर एक डाकुओं के पास चला गया, एक ऋषियों के पास चला गया। जैसे लोगों के संसर्ग में रहते हैं वैसे ही गुण और अवगुण आ जाते हैं।"

तो तुम ध्यान रखना! तुम्हारी सन्तान रावण भी बन सकती है और राम भी, कंस भी बन सकती है और कृष्ण भी, मारीच भी बन सकती है और महावीर भी। जैसे उसे संगति मिलेगी वह वैसे ही क्रियान्वित होगी, संस्कारित होगी। सन्त-मनीषी आचार्य कहते हैं कि जिस प्रकार सूअर की संगति में अगर गाय का बछड़ा आ जाता है तो वह गाय का बछड़ा भी धीरे-धीरे सूअर की भाँति मल का भक्षण करने लग जाता है। उसी प्रकार सुसंस्कृति में जन्म ली हुई सन्तान कुसंगति रूपी सूअर के सान्निध्य में पहुँचने से उस गाय के बछड़े के समान अर्थात् दुराचरण रूपी मल का भक्षण करने लग जाता है। जानते हो ललितांग (अंजन चोर) चोर क्यों बना? व्यसनी मित्रों की कुसंगति ही इसका एक मात्र कारण थी। जानते हो शुद्धोधन-दुर्योधन क्यों बना? उसमें मात्र शकुनि जैसी कुसंगत कारण थी। जानते हो चारुदत्त व्यसनी क्यों बना? उसमें उसके चाचा रुद्रदत्त दुराचारी की कुसंगत निमित्त थी। तो ध्यान रखना! अपनी सन्तान एवं स्वयं को, रावण, कंस, शकुनि, दुर्योधन, रुद्रदत्त जैसी कुसंगत से ज़रूर बचाकर रखना नहीं तो ये कुसंगत तुम्हें लील जायेगी अजगर की तरह, तुम्हारा विनाश कर देगी।

कुसंगत रूपी नागिन बहुत खतरनाक होती है। यदि एक बार भी यह नागिन डस ले, तो अनेक भव तक इसका ज़हर फैल जाता है। वस्तुतः यह इह-परलोक विनाशक है। तो सन्तान को अनुचित संगत से सुरक्षित रखना किन्तु सत्संग के संस्कार उसे नियामक दे देना ताकि वह सन्तान विराग का चिराग बनकर कुलदीपक बन सके। वीरत्व को पैदा कर, निज के महावीरत्व को जगा सके। यदि आप तीर्थेश महावीर के अनुयायी होंगे, उनके वंश के होंगे तो मेरा मानना है कि आप ज़रूर ऐसी शिक्षा दोगे, सन्तान को वीर का पथ दिखलाओगे, आप बाधक नहीं साधक बनोगे, संस्कारों का बीजारोपण कर सत्संग में भेजोगे। और यदि कंस के वंश में होंगे तो आप जानो। जो माता-पिता तीर्थेश महावीर के मार्ग की शिक्षा सन्तान को नहीं देते, बढ़ते मोक्षमार्ग के प्रति कदम को रोकने की कोशिश करते हैं या हीनता का ज़हर घोलते हैं या स्वार्थवशात् मोहान्ध होकर कायरता के संस्कार देकर साधु-संगत सन्तसान्निध्य से दूर रखना चाहते हैं तो मैं उन्हें कंस के वंश का कहता हूँ। ऐसे माता-पिता से सूर्पनखा, रावण-कंस की उपमा भी बदनामी को प्राप्त हो जाती है क्योंकि ऐसी प्रवृत्ति इनसे भी बदतर समझो।

भगवान महावीर कहते हैं, "किसी व्यक्ति को रत्न प्राप्त हो जाये यह महत्त्वपूर्ण नहीं पर उस रत्न को सँभाल कर रखना, उसका सदुपयोग व उसकी सुरक्षा करना यह महत्त्वपूर्ण है। उसी प्रकार सन्तान को जन्म देना महत्त्वपूर्ण नहीं पर सन्तान को जन्म देने के उपरान्त उसको सुसंस्कार, सुसंगत में सुरक्षित रखना यह महत्त्वपूर्ण है। सुसंगत की गोद में ही सुसंस्कार का पालन होता है, वृद्धि होती है और सुसंगत जनक भी है—सुसंस्कारों का। और सुसंस्कार मानव जीवन की अमूल्य सम्पदा है, जिसे भी यह प्राप्त हो जाती है वह एक दिन मानव से महामानव बन जाता है। पर मानव से महामानव तब बन पाता है जब उसके जीवन में कुसंगत रूपी दानव का परहेज़ होता है।"

हे माताओं! तुम माँ मदालसा बन जाना और पिता सिद्धार्थ की तरह बनकर अपने परिवार व स्वयं को भव्य बनाना। माँ मदालसा की तरह सन्तान को इस तरह उपदेश देना।

'शुद्धोऽसि' बुद्धोऽसि निरञ्जनोऽसि,
संसार माया परिवर्जितोऽसि।
संसार स्वप्न त्यजमोहनिद्रा,
श्री कुंदकुंद जननी मिदमेवमूचे ॥

हे बालक! तुम शुद्ध हो, बुद्ध हो, निरञ्जन हो, संसार एक माया जाल है तुम इसे छोड़ो। संसार एक सपना है, बेटा! तुम इस मोह निद्रा को त्यागकर आत्मस्वरूप में लीन होओ। अपने आप में जाग्रत होओ। माँ की उत्तम सत्य वाणी के प्रभाव से संस्कारित बालक भेद विज्ञान का प्रपालक, प्रचारक एवं अध्यात्म को आत्मसात करने वाला महायोगी, अध्यात्म की लेखनी-शैली देकर, तीर्थेश का मार्ग प्रकाशित करके, जगत को रोशनी देकर, स्वोपकार कर जगत माता-पिता बन गया। तो ध्यान रखना! माँ मदालसा जन्मते बालक के कानों में भी भेद विज्ञान की लहर फूँकती थी। **बालक कुंदकुंद की माँ उसे झूला झुलाते समय भी उक्त लोरी सुनाती थी। धन्य है वह माँ जिसने जन्मघुट्टी नही जिनघुट्टी-सिद्धघुट्टी पिलायी। यदि ऐसी घुट्टी हर माँ पिलाने लग जाये तो शायद हर सन्तान तीर्थेश महावीर, आचार्य कुंदकुंद, आचार्य विरागसागर बन जाये और श्रमण संस्कृति अति गौरवान्वित हो उठे।**

संस्कार बच्चों में गर्भ से डाले जाते हैं। गर्भस्थ अवस्था में बालकों (सन्तान) पर माता का पूर्ण प्रभाव पड़ता है। उस समय के माता के आचार-विचार, रहन-सहन का प्रभाव गर्भ में अवस्थित शिशु पर पड़ता है। इसलिए माताओं का कर्तव्य है कि गर्भावस्था में शुभ क्रियाओं में समय बिताना चाहिए। सिनेमा देखना, अश्लील चित्र देखना, अश्लील उपन्यास-मैगजीन पढ़ना, अश्लील गीतादि सुनना, भंडवचन, अशोभनीय गन्दे शब्द बोलना, कषाय आदि नहीं करना चाहिए। इनसे पूर्णतः दूर रहना चाहिए। घूमना है तो तीर्थों की वन्दना के लिए घूमो, गुरुवन्दना करो, देखना है तो तीर्थों, जिनप्रतिमा, मुनि मुद्रा, मुनियों के चित्र देखो, सुनना है तो स्तुति, स्तोत्र, गुरुवाणी-जिनवाणी सुनो और बोलना है तो हित-मित-प्रिय वाणी बोलो, जिनवाणी बोलो। वैराग्य भावना, बारह भावना, मेरी भावना, भक्तामर स्तोत्र आदि का पाठ करो। अश्लील कथा कहानियाँ कभी मत पढ़ो। पढ़ना है तो महापुरुषों के चरित्र, सीता, द्रौपदी, मनोवती, मैनासुन्दरी, अंजना, शीलवंत नारियों के आख्यान पढ़ो। सन्त का जीवन पढ़ो। ज़रूर आपसे होने वाली सन्तान धर्म की, जाति की, देश की महान विभूति बनेगी और स्व-पर का उपकार करेगी।

जननी जने तो ऐसो जन के दाता के सूर।
नहीं तो रहियो बाँझड़ी, मति लजाओ नूर ॥

तो सन्तान को सुसंस्कारों की संस्कृति-संगति प्रारम्भ से ही देना माता-पिता का (कर्तव्य) दायित्व है। प्रारम्भ में दिये गये छोटे-छोटे संस्कार भविष्य में वटवृक्ष की तरह विशालता को प्रदान कर जाते हैं। जो माता-पिता प्रारम्भ से ही सन्तान को सुसंस्कार नहीं देते हैं, वे उस सन्तान के लिए खाई खोदने का काम करते हैं, जिसमें गिरकर एक दिन सन्तान का प्राणान्त हो जाता है और उसका जीवन बर्बाद हो जाता है।

सुसंस्कारित सन्तान पार्क की घास के समान व कुसंस्कारित सन्तान जंगल की घास के समान होती है। सुसंस्कार रूपी दीपक जलाकर सन्तान के जीवन रूपी मन-मन्दिर में प्रकाश फैलाने की कोशिश करें। सन्तान पान के पत्ते की तरह होती है। पान का पत्ता जब तक गीला रहता है तब तक उसको जैसा मोड़ना चाहें मोड़ सकते हैं। सन्तान प्रारम्भ में सफ़ेद काग़ज़ की तरह होती है। सफ़ेद काग़ज़ पर आप जिस प्रकार का, जो भी इच्छानुसार, जिस रंग का वर्ण अंकित करना चाहें, वर्ण का लेप करना चाहें वैसे ही वर्ण का लेप अंकित हो जाता है। फिर वह मिटता नहीं।

कुसंस्कारित सन्तान चूल्हे के धुएँ की तरह है एवं सुसंस्कारित सन्तान अगरबत्ती के धुएँ की तरह जो सभी के जीवन को प्रभावित कर देती है। भगवान महावीर कहते हैं, "सन्तान की परख सुन्दर वेशभूषा, रूप लावण्य से नहीं, शृंगार युक्त चेहरे से नहीं, बल्कि आदर्शता, श्रेष्ठ सुसंगत सुसंस्कारों से होती है।"

तो याद रखो, माता-पिता सन्तान रूपी कोरे काग़ज़ पर सुसंगत भरी संस्कृति की शाश्वत लिपि लिखें ताकि सन्तान का जीवन आनन्दित बन सके, उनके कोमल हृदय पर आज शाश्वत अक्षरों को लिखना है, जिससे भविष्य में जाकर वह देश के उच्चतम नागरिक बनकर धर्म की ध्वजा को लेकर चल सकें। और यह सत्संग से ही सम्भव है।

सन्तान नीर की बूँद की तरह होती है। वह जैसे वातावरण में पड़ जाती है वैसी ही ढलती है। मनोविज्ञान के अनुसार मनुष्य की आदतें, प्रवृतियों का मापदण्ड 60% संगति से जुड़ा होता है। जैसा कि प्रारम्भ में कहा गया था। अगर मनुष्य अपनी संगति बदल दे तो उसके स्वभाव में 60% परिवर्तन सहज आ सकता है।

ध्यान रखना, वातावरण का प्रभाव केवल मनुष्यों पर ही नहीं बल्कि वनस्पतियों और पशु-पक्षियों पर भी पड़ता है। ऐसे बहुत सारे रिसर्च हुए कि जैसा

वातावरण होता है, जैसी भावना होती है उसका प्रभाव सामने वाले पर पड़े बिना नहीं रहता। पशु-पक्षी और वनस्पतियों पर भी आपकी भाषा का पूरा-पूरा असर पड़ सकता है। एक प्रयोग किया गया है फूलों पर और देखा गया है कि फूलों के बीच जब माली जाता था तो फूल और अधिक खिल जाते थे। एक वैज्ञानिक वर्षों प्रयोग करता रहा और पॉलीग्राफ पर फूलों का संवेदन मापता रहा। एक दिन जब वह माली के साथ गया और उसने देखा, "माली को देख फूल खिल उठे, पॉलीग्राफ पर सब कुछ अंकित हो रहा है। तभी उसके मन में आया बड़ा सुन्दर फूल है, उसे तोड़ लूँ।" जैसे ही तोड़ने का विकल्प किया उसमें स्पन्दन बहुत तेज हो गया, 'निगेटिव' सूचना आने लगी। यह हमारे विचारों का प्रभाव है। एक व्यक्ति क्रोधी के पास जाता है, तो क्रोध प्रकट होता है। यदि शान्त व्यक्ति के पास जाता है, तो उसका आभामण्डल सामने वाले व्यक्ति को शान्त कर देता है। यही कारण है कि सन्त के पास आने के बाद व्यक्ति के अन्दर सदाचार और नैतिकता आने लगती है। और व्यभिचारी, दुर्गुणी के पास जाने के बाद व्यक्ति के मन में वैसी ही दुर्भावनाएँ आने लगती हैं। इसलिए सन्त कहते हैं बुरी संगत से बचो। तो आप सत्संग करो, सत्संग जीवन का मूलाधार, प्राण है, जीवन की श्वांस है, जीवन की आस और जीवन का परम विश्वास है। हाँ, कुसंग रूपी विषधर से बचकर ज़रूर रहना।

पुनः आप से कह रहा हूँ। जिनेन्द्र वाणी ही कल्याणी है। लौकिक जनों की संगति तज कर परमार्थ की संगति में आ जाना। क्योंकि लौकिक जनों की संगति योग्य नहीं है। आचार्य कुंदकुंद स्वामी रयणसार जी में स्पष्ट निषेधात्मक सूत्र दे रहे हैं–

लोइय-जण-संगादो, होइ महा-मुहर-कुडिल-दुब्भावो।
लोइय-संगं तह्म, जोइवि तिविहेण मुच्चाहो ॥ (42)

अर्थात् मनुष्य लौकिक जनों की संगति से महा-वाचाल/अत्यधिक बोलने वाला, कुटिल, दुर्भावना युक्त हो जाता है, इसलिए अच्छी तरह से देखभाल कर लौकिक जनों की संगति का मन-वचन-काय से त्याग कर देना चाहिए। लौकिक जनों के त्याग से आशय है चरित्रहीन, अचरित्रवान, संयम शून्य, हलाहल-काटकूट समझकर उन्हें त्याग देना।

संगति विचारपूर्वक ही करनी चाहिए क्योंकि–

संगत ही गुण उपजै, संगत ही गुण जाय।
बांस, फांस अरु मीसरी, एक ही भाव विकाय ॥

तो एक बार आपसे पुनः कह रहा हूँ कि कुसंग की अँधेरी छाने न पाये, और सुसंग-सत्संग का दीया बुझने न पाये। सत्संग जीवन की आभा है। जीवन का अतिशय है। जहाँ सत्संग होगा वहाँ अतिशय होगा। तुम्हारी सुन्दरता भी सत्संग से है। व्यक्ति रूप, रंग और धन, वैभव से नहीं अपितु अच्छे-बुरे आचरण से पूजा और पीटा जाता है। पर आचरण संगत पर निर्भर करता है।

तो अन्तिम बात मैं आपसे कह रहा हूँ कि कपड़ा बिगड़ जाये तो कोई चिन्ता की बात नहीं, भोजन का स्वाद बिगड़ जाये तब भी चिन्ता की कोई बात नहीं, व्यापार बिगड़ जाये तब भी कोई फिकर नहीं, बेटा बिगड़ जाये तो भी कोई घबराने जैसी बात नहीं लेकिन ध्यान रखना, संगत को मत बिगड़ने देना क्योंकि अच्छी संगत में तुम्हारा उत्थान छिपा है। मृत्युंजयी पथ छिपा है। इसलिए जीवन में सत्संग कर लेना—रत्नत्रय-संयम का। कहीं ये प्रेरक पंक्तियाँ घटित न हो जायें कि—

आयु का आधा क्रम सोने में बीत गया,
बचपन संग बीता कुछ यौवन संग रीत गया।
अंग-अंग शिथिल हुए, प्रभु तक ना दृष्टि गयी,
भव-भव के भ्रमण हेतु फिर से यह जीव गया॥

हाँ तो इन पंक्तियों को और बसा लेना—

मंगलमय जीवन है, राग द्वेष मत घोलो,
कौन हो कहाँ से आये उत्तर दो कुछ बोलो।
हर युग के मानव की गाथा है याद तुम्हें,
काया में शाश्वत हो कौन जिया कुछ बोलो॥

ज़रा ख्याल करो!

तुम्हारा जीवन पल-पल मिट रहा है। आयु का तेल देह के दीये में जलकर रफ़्ता-रफ़्ता चुक रहा है। तुम्हारी ज़िन्दगी हौले-हौले मृत्यु की ओर कदम बढ़ा रही है। मृत्यु तुम्हारे पास आये उससे पहले मृत्यु को मार गिराना। सत्संग से, संयम के अस्त्र से। मृत्यु की कतार से बाहर निकल आना और आत्मा की अमरता को आत्मसात् कर लेना। सत्संग-सन्तसंग संयम-चरित्र के संग से—यही तुम्हारे जीवन का लक्ष्य होना चाहिए।

जय महावीर।

मत थामो बैसाखियाँ

प्रिय आत्मन्,

जगाओ, निज की क्षमता, कब तक दूसरों के सहारे चलते रहोंगे? दूसरों का सहारा ढूँढ़ना या दूसरों के सहारे चलना कायरता है। जिसकी स्वयं की शक्ति नहीं है, न कोई क्षमता है स्वयं की, वे ही तो अकर्मण्य की श्रेणी में आते हैं और जो दूसरों पर निर्भर रहकर दूसरों के प्रकाश पर विश्वास कर लेते हैं। वे मात्र धोखा ही खाते हैं।

एक वृद्ध ब्राह्मण था। उसकी नेत्र ज्योति चली गयी थी। कुछ भी दिखाई नहीं देता था, तो उसके पुत्रों ने उसकी आँखों का ऑपरेशन कराना चाहा। परन्तु उसने अस्वीकार कर दिया और बोला, "मुझे आँखों की क्या ज़रूरत है? तुम आठ मेरे 'पुत्र' हो, आठ 'कुलवधुएँ' हैं, तुम्हारी 'माँ' है। ऐसी चौंतीस आँखें तो हैं मेरे पास फिर मेरी दो आँखें नहीं तो क्या हुआ!" पिता ने पुत्रों की सलाह नहीं मानी। अचानक एक दिन घर में आग लग गयी। सभी अपने-अपने प्राण बचाने बाहर भागे। वृद्ध पिता की याद किसी को न आयी। वह अग्नि में ही भस्म हो गया।

ध्यान रखो, जीवन का पथ अन्धकार पूर्ण है। लेकिन याद रहे, कि इस अन्धकार में दूसरों का प्रकाश काम नहीं आता। स्वयं का प्रकाश ही सच्चा साथी है। स्वयं के पास विवेक और आचरण की आँखें हैं तो इस भयावह (कामाग्नि द्वेषाग्नि और रागाग्नि के) अग्निल संसार से बचकर निकल सकते हैं अन्यथा नहीं। दूसरों की रोशनी में कब तक कहाँ तक चलोगे? आखिर वह भी एक दिन साथ छोड़ ही देगी। अतः दूसरों के सहारे जीने वालों, शक्तिहीनता के परिचायक मत बनो।

प्रत्येक व्यक्ति में आत्म-निर्भर बनने की शक्ति होती है। लेकिन बहुत कम व्यक्ति ऐसे हैं, जो अपनी शक्तियों पर विश्वास करते हैं। स्व-शक्ति को विस्मृत कर प्रायः पर शक्ति का सहारा ढूँढ़ना उसकी आदत (Habit) बन जाती है। परन्तु हमें यह नहीं भूलना चाहिए कि दूसरों के सहारे चलना आसान तो होता है किन्तु इससे हमारी रही-सही शक्ति भी क्षीण हो जाती है। तात्पर्य निज पौरुषता का जागरण नहीं हो पाता है। मस्तिष्क और योग्यता का जितना उपयोग किया जायेगा उनका उतना ही अधिक विकास होगा। इस बात को भूलकर व्यक्ति अपनी बदनसीबी का रोना रोता है या दूसरों के सहारे रहकर उनका गुणगान करता है। ऐसे लोग ही तो पिछलग्गू की संज्ञा पाकर सदैव निन्दा के पात्र बने रहते हैं। जो सदा ही दूसरों के बल पर विश्वास करते हैं, उन्हीं के भरोसे जीवन की गाड़ी चलाते हैं, वे सदैव ही हीनता, निम्नता का स्थान पाते हैं। वे अपनी अन्तस्थ-शक्तियों का लाभ नहीं ले पाते। स्वनिधि उपयोग के अधिकारी नहीं हो पाते। निजत्व वैभव को निहारने का साहस ही नहीं जुटा पाते। ऐसी ज़िन्दगी तो पशुता से भी बदतर है। क्योंकि पुरुष तो वही है, जिसके पास स्वयं का पौरुष है।

ध्यान रखो, योग्यता को उभारना पड़ता है, दबी हुई को प्रकट करना पड़ता है। क्योंकि कोई भी व्यक्ति जन्मजात नेता नहीं होता। वह जन्म से नेता नहीं है तो इसका तात्पर्य यह नहीं कि वह अब नेता नहीं बन सकता और सदा ऐसा ही रहेगा। तीर्थेश महापुरुषों को छोड़कर ऐसा कोई नहीं होता, जो जन्म से ही महान होता हो। तीर्थंकर-महापुरुष भी भूतपूर्व प्रज्ञापननय (अतीतभवों की अपेक्षा) से, कर्म से, स्वपौरुष से, संयम साधना से ही महानता की उच्च से उच्चतम दशा पाते हैं। जन्मजात कौन क्या होता है?

जन्मजात कोई महान नहीं होता। कोई साधक योगी, वैज्ञानिक दार्शनिक या प्रतिभा पुंज भी जन्मजात नहीं होता। बल्कि अबोध बालक बोध को पाकर आवृत्त शक्ति अनावृत्त करने का पुरुषार्थ करता है जिसके सहारे वह अपने व्यक्तित्व की अनूठी पहचान बनाता है। इतिहास में ऐसे बहुत से उदाहरण हैं जिनमें नेतृत्व करने की योग्यता नहीं थी, वे भी प्रयत्न, परिश्रम तथा लगन से योग्यताओं का विकास करके महान नेता बन गये।

वस्तुतः नेता वही है जिसमे नेतृत्व करने की क्षमता हो जो न किसी से अपेक्षा और न किसी की उपेक्षा करता हो, जो दूसरों के विचारों का सहारा लेने की आवश्यकता न समझता हो। जिसकी स्वयं की प्रज्ञा जाग गयी हो। पूर्णतः स्वयं का आधार हो जिसके पास; तथा स्वयं का ही आधेय मात्र जिसका जीवन साथी हो। जिसमें स्वयं सोचने व कार्यक्रमों को स्वमेव ही निर्धारित करने की क्षमता हो।

लोगों की संख्या बढ़ाकर भीड़ के बीच में चलना तो कोई बड़ी बात नहीं है, बड़ी बात तो यह है कि लोगों के दिलों में अपना स्थान बनाया जाये। लोगों के मन में निवास बनाये जाये, चाहे उनकी संख्या कितनी भी कम क्यों न हो।

ऐसे व्यक्तित्व ही आत्म-विकास की राह पर चलकर मंज़िल तक पहुँचते हैं। ऐसे लोग वही होते हैं जो अकम्प आस्था को पैदा कर जिन प्ररूपित दिगम्बर गुरुओं द्वारा आचरित मार्ग पर निस्संकोच कदम बढ़ा देते हैं यानी महान लक्ष्य की ओर निर्मम होकर पथानुगामी हो जाते हैं। अपने भाग्य को ऐसे ही लोग बदल सकते हैं और ऐसे ही लोग श्रेष्ठ भाग्य के निर्माता हो सकते हैं, कायर लोग कदापि नहीं।

सच में आगमिक दृष्टि से नेता वही होता है, जो कि मोक्षमार्ग का नेतृत्व कर रहा है। जो सन्मार्ग, मुक्ति मार्ग का दिग्दर्शक, पथ प्रदर्शक है। जिसने जीवन से मुक्ति पा ली। ऐसे जीवन मुक्त परमात्मा, अरिहन्त, भगवन्त या वे हैं जो रत्नत्रय के संसाधक हैं। उठो-उठाओ, चले-चलाओ, बढ़ो-बढ़ाओ की प्रबल भावना साकार करने में जो संलग्न हैं—ऐसे आचार्य परमेष्ठी आदि भी इस श्रेणी में आते हैं।

जैसा कि 'आचार्य उमा स्वामी' महारा ने कहा है—

मोक्ष-मार्गस्य नेतारं, भेत्तारं कर्मभूभृताम्।
ज्ञातारंविश्व तत्त्वानां वन्दे तद्गुणलब्धये॥

लौकिक दृष्टि से नेता वह है जो सच्चाई का शृंगार कर सदाचरण का वरण करे, जनहित लोकहित में लगा हो, जो लेता कुछ न हो, मात्र देता ही हो। ऐसा जन हितैषी, राष्ट्र उन्नायक ही महानता का इतिहास तैयार करता है। ऐसा वही कर सकता है जो आत्म निर्भर है तथा जिसमें स्वयं की सूझ-बूझ समाविष्ट है।

वर्तमान युग सहारों का युग बन गया है। आज का मानव किसी न किसी का सहारा लिए नज़र आता है। दुष्ट, चोर कोई भी हो, सभी सहारा चाहते हैं। कोई धन का, कोई मित्रों का, कोई परिवार का, तो कोई पद प्रतिष्ठा का सहारा चाहता है।

मनोविज्ञान विश्लेषण के आधार पर जो मनुष्य दूसरों की शक्ति पर जीते हैं, वे सदैव किसी-न-किसी को दोषी ठहराकर अपना पक्ष बचाने के अवसर ढूँढ़ा करते हैं। इस प्रकार की प्रकृति कायरता का द्योतक है। यदि आप महान व्यक्तित्व के ध ानी बनना चाहते हैं तो आत्मनिर्भर बनिये। आत्म निर्भरता का सोपान बाल्यकाल से ही प्रारम्भ होना चाहिए मतलब यह नहीं कि उसे आप स्वछन्द बना दें। केवल कॉलेज की शिक्षा व्यक्ति की व्यवहार कुशलता तथा योग्यता में वृद्धि नहीं करती, वह तो व्यक्ति के हाथ में औजार थमा देती है उसका प्रयोग करना तो स्वयं को ही सीखना पड़ता है।

सैद्धान्तिक शिक्षा (Theory) के साथ प्रायोगिक विद्या (Practical) नितान्त आवश्यक है। क्योंकि अनुभव शून्य विद्या, प्रज्ञ का जागरण नहीं कर सकती। बल्कि पतन का कारण बन सकती है।

अनुभव विद्या की कसौटी है। अनुभव की भूमि पर ही विद्या का बीज फलितार्थ होता है। अनुभव का अर्थ-निज का ज्ञान, प्रायोगिक ज्ञान, शास्त्रज्ञान या पुस्तकीय ज्ञान का जीवन धारा में संगम या आचरित ज्ञान शैली है जो गहराई में (ज्ञान की) जाने से प्रस्फुटित होता है। शिक्षा रूपी औजार को, आत्म विश्वास रूपी कवच के माध्यम से आत्म निर्भर बनाया जा सकता है। गुरु द्वारा दिया गया ज्ञान और कठोर अनुशासन शिष्य के जीवन में उत्थान का कारण बनते हैं। इसी सन्दर्भ में एक दार्शनिक के जीवन की घटना प्रस्तुत है–

दार्शनिक ने अपनी जीवनी में लिखा है कि अध्यापक के व्यवहार एवं अनुशासन के कारण ही एक मास से भी कम समय में मैं उन सब प्रश्नों के उत्तर निकालने लगा जो मुझे सबसे कठिन लगते थे। एक दिन अध्यापक ने मुझे (Black Board) पर एक नया सवाल करने को कहा, मैंने जैसे ही सवाल हल किया अध्यापक ने बड़े ही कठोर अन्दाज में कहा, "बिल्कुल गलत।"

मेरे पश्चात् उन्होंने किसी दूसरे छात्र को बुलाकर उस प्रश्न को हल करने को कहा, उसने भी उसी तरीक़े से उस सवाल को हल किया, जैसे मैंने किया था। हम दोनों का उत्तर भी एक था। अध्यापक ने कहा, "वाह-वाह! बहुत अच्छा तुम इस सवाल को हल करने में सफल हुए।" अब तो मुझसे रहा न गया। मैंने पूछा, "सर, मेरा और इसका तरीका, उत्तर एक है। फिर आपने मुझे डाँटकर क्यों कहा कि यह सवाल गलत है?"

अध्यापक बोले, "यह बात तुमने पहले क्यों नहीं कही? जब मैंने तुमसे कहा था कि तुम्हारा सवाल गलत है? केवल पाठ याद करने से मतलब सिद्ध नहीं होता। अन्तस्थ में यह विश्वास करना भी ज़रूरी होता है कि तुमने जो कुछ याद किया है उसे कोई काट नहीं सकता।" यह अहं की भाषा नहीं, स्वयं पर भरोसे की परिचायिका है।

इसे ही आत्म-विश्वास कहते हैं। जिसमे आत्म विश्वास होता है वही तर्क दे सकता है, लौकिक बन सकता है। परन्तु जिसे स्वयं पर विश्वास नहीं होगा, वह क्या तर्क करेगा? यदि जिज्ञासाएँ उठेंगी भी तो व्यक्त नहीं कर पायेगा। वहीं दबा देगा, उसके तो अच्छे काम को भी यदि आप गलत कहेंगे तो उसे यही समझ लेना होगा कि हो सकता है गलत हो। क्योंकि उसे स्वयं पर विश्वास ही नहीं।

मनुष्य इस भ्रम में जीता है कि अकेले काम करने से बेहतर है किसी की सहायता लेकर काम करना अच्छा होता है, जबकि सच तो यह है कि अपने ऊपर विश्वास करके पूरी लगन से कार्य करने पर सफलता की आशा दो गुनी बढ़ जाती है। महत्त्वाकांक्षा का अर्थ अपनी शक्ति का परीक्षण करना होता है। परन्तु दूसरों पर निर्भर रहने से व्यक्ति में केवल दुर्बलता ही आती है, हीनता का जन्म होता है। इसका मतलब यह भी नहीं कि प्रारम्भ से ही निराधार रहना है। प्रारम्भिक भूमिका में अनभ्यस्त दशा में स्तम्भ, मार्ग दर्शक, दिशा निर्देशक की आवश्यकता होती है।

क्योंकि आचार्यों ने कहा भी है–

अनभ्यस्त दशा तु परतः

अभ्यस्त दशा तु स्वतः

जीवन में तीन परोपकारी होते हैं—'माँ', 'महात्मा' और 'परमात्मा'। ये तीनों अवस्थाओं को सुधारने में प्रबल प्रेरक निमित्त होते हैं। इनका सहारा आवश्यक है। भक्त को सच्चे देव-शास्त्र गुरु का अवलम्बन चाहिए, परन्तु इसके साथ स्वयं की शक्ति और आत्मविश्वास भी होना चाहिए। और अन्ततः इन सहारों को भी आत्म साधक को छोड़ना पड़ता है। फिर होता है एकमात्र स्वावलम्बन। दिशा निर्देशक को पकड़कर बैठने में मुक्ति सम्भव नहीं। अँगुली को मत पकड़ो इशारे को समझो और स्वभक्ति स्वविश्वास से बढ़ो। क्योंकि शक्ति को जाग्रत करना है। अखाड़े के पास बैठकर हम अपने शरीर को शक्तिशाली नहीं बना कसते। व्यायाम दूसरा व्यक्ति करे और हम शिक्तशाली बन जायें, क्या यह सम्भव है? नहीं। सफलता की राह स्व-पगो (कदमों) से ही तय की जाती है, दूसरों के कदमों से नहीं। इसकी बुनियाद आत्मविश्वास है। आत्मविश्वास की आधारशिला पर खड़े होकर स्वयं ही उस रास्ते पर चलना होगा। अपनी शक्ति को पहचानकर ही आप सफलता पा सकते हैं।

आलस्य, अकर्मण्यता को जन्म देकर व्यक्ति को कायर बनाती है एवं उसके आभामण्डल को अशुद्ध करती है। और ऐसी आलस्य प्रवृत्ति से स्वयं के हितार्थ कोई सोच-विचार न होने से अशुभ लेश्या के परिणामों से आत्मा लिपती है। तात्पर्य—अशुभ लेश्या आत्मा को अशुभ भावों से (पापों से) लीपती है। वास्तव में आलस्य, कायरता, नील एवं कापोत लेश्या की परिणति है। ध्यान रखो! स्वयं की शक्ति नहीं लगाना अर्थात् आत्मोत्कर्ष हेतु निजात्म-शक्ति को जाग्रत नहीं करना एवं हर कार्य को दूसरों पर टालते रहना जीवन में शूल बोना है। और यही भूल महाभूल बनकर जीवन में प्रतिकूलता का सृजन कर चतुर्गति के चक्रव्यूह में हमें अशान्ति-दुखों का झूला झुलाती है। जीवन को आरामदायक बनाना आत्मराम के साथ खिलवाड़ है, धोखा है। जो व्यक्ति बच्चों को इस प्रकार जीवन क्षेत्र में उतारना चाहते हैं कि वे बिना संघर्ष के, बिना किसी कष्ट के आगे बढ़ें, ऐसे व्यक्ति अपने बच्चों की राह में काँटे ही बिछाते हैं।

सन्तान को संघर्ष के योग्य न बनाना, इससे तो यही सिद्ध होता है कि वे लोग अपनी सन्तान का भविष्य शुरू से बिगाड़ रहे हैं। अपनी सन्तान को सांसारिक

सुख और ऐशोआराम के झूले में झुलाने वाले, स्वार्थ मोहान्ध होकर परमार्थ से अर्थात् मोक्षमार्ग से वंचित रखने वाले माँ-बाप सन्तान के सबसे बड़े दुश्मन होते हैं, तभी तो शुभचन्द्राचार्य ज्ञानार्णव ग्रन्थ में लिखते हैं–

पातयन्ति भावावर्त्त ये त्वां ते नैव बान्धवाः।
बन्धुतां ते कष्यिन्ति हितमुदृश्य योगिनः ॥

हे आत्मन्! जो तुझे संसार के चक्र में डालते हैं, वे तेरे बाँधव नहीं हैं। किन्तु जो मुनिगण हित की बाधा करके बँधुता करते हैं, अर्थात् हित का उपदेश करते हैं, स्वर्ग तथा मोक्ष का मार्ग बताते हैं, वे ही वास्तव में तेरे सच्चे और परम मित्र हैं।

सच में, सन्तान को उत्तम संस्कार, परमार्थिक संस्कार जिन माता-पिता ने नहीं दिये, बल्कि मोक्षमार्ग के प्रति उनके साहसी उत्सुक, उमंग, मेरे कदमों को रोकने की दुप्रवृत्ति की, वे सुभाषितकार की भाषा में ऐसे हैं–

माता शत्रु पिता बैरी येन बालो न पाठितः।
न शोभते सभा मध्ये हंस मध्ये बको यथा ॥

माता शत्रु है और पिता बैरी हैं क्योंकि संस्कारहीन सन्तान हंसों के मध्य बगुला है। माता-पिता का कर्तव्य है कि बालकों को उचित संस्कार दें। सन्तान नीर की बूँद की तरह होती है। नीर की बूँद जैसे वातावरण में पड़ जाती है, वैसी ही ढल जाती है सन्तान को उचित और अनुचित का ज्ञान करायें। उन्हें आत्म शक्ति को प्रस्फुटित करने के लिए प्रोत्साहित करें तथा उन्हें संस्कार युक्ति ध्येय के प्रति परमार्थिक उत्साह सदैव प्रदान करें। ऐसी संस्कार शैली ही माता-पिता की महानता का द्योतक है और सन्तान के उज्ज्वल भविष्य के निर्माण की दशा-दिशा तय करती है।

सन्तान गीली मिट्टी की तरह होती है, उसे जैसे मोड़ना चाहें, जैसा आकार देना चाहें, दे सकते हैं। माता-पिता सन्तान रूपी कोरे काग़ज़ पर संस्कृति की शाश्वत लिपि लिखें ताकि उनका जीवन आनन्दित बन सकें। संस्कार रूपी शाश्वत लिपि को उनके कोमल हृदय पर अंकित करना है। जिससे वे धर्म ध्वजा लेकर भविष्य में आगे बढ़ सकें।

सन्तान की परख सुन्दर वेशभूषा रूपलावण्य से नहीं, शृंगारयुक्त चेहरे से नहीं, अपितु श्रेष्ठ संस्कारों के आदर्श से होती है। जीवन में तपश्चर्या से मुक्ति मिलती है, साधना से व्यक्तित्व का निखार होता है व संस्कारों से परिवार, राष्ट्र व स्वयं के जीवन का स्तर ऊँचा बनता चला जाता है। संस्कार जीवन की अमूल्य सम्पदा है। ये जीवन रूपी सिक्के को बहुमूल्य बना देते हैं। यह सम्पदा जिसे भी प्राप्त हो जाती है वह एक दिन मानव से महामानव बन जाता है। वहीं इसके अभाव में व्यक्ति महामानव तो क्या मानव भी नहीं बन पाता। नैतिक स्तर के पतन के कारण कुसंस्कार का प्रभाव उसे दानव बना देता है।

तीर्थेश 'महावीर' कहते हैं–

जिस प्रकार किसी व्यक्ति को रत्न प्राप्त हो जाना महत्त्वपूर्ण नहीं; उस रत्न को सँभालकर रखना, उसका सदुपयोग व उसकी सुरक्षा करना महत्त्वपूर्ण है, ठीक उसी प्रकार सन्तान को जन्म देना महत्त्वपूर्ण नहीं; सन्तान को जन्म देने के उपरान्त उसको सुसंस्कारवान बनाना महत्त्वपूर्ण है।

संगति का गहरा प्रभाव जीवन पर पड़ता है। यदि सुअर की संगति में गाय का बछड़ा आ जाता है तो वह गाय का बछड़ा भी धीरे-धीरे सुअर की भाँति मल का भक्षण करने लग जाता है। उसी प्रकार सुसंस्कृति में जन्म ली हुई सन्तान का जीवन कुसंगति रूपी सुअर के सान्निध्य में पहुँचने से उस गाय के बछड़े के समान दुराचरण रूपी मल का भक्षण करने लग जाता है।

इस दुष्प्रवृत्ति में सन्तान प्रवेश करे, उसके पूर्व ही अभिभावकों के लिए सुसंस्कार का पाठ पढ़ा देना अनिवार्य है। प्रारम्भ में दिये गये छोटे-छोटे संस्कार भविष्य में वटवृक्ष की तरह विशालता को प्राप्त कर लेते हैं। जो माता-पिता प्रारम्भ से ही 'माँ मदालसा' की तरह सुसंस्कार देते हैं, उनकी सन्तान कुल को गौरवान्वित कर 'कुन्दकुन्दाचार्य' जैसा कुन्दन जीवन पाकर उन जैसी यशोगाथा का श्रेष्ठतम आदर्श प्रस्तुत करते हैं। किन्तु जो माता-पिता प्रारम्भ से ही सन्तान को संस्कार नहीं देते हैं, वे उसके लिए एक ऐसी खाई खोदने का काम करते हैं जिस खाई में गिरकर एक दिन वह अपना जीवन बर्बाद कर देती है।

संस्कारित सन्तान पार्क की घास के समान व कुसंस्कारित जंगल की घास के समान होती है। बच्चा प्रारम्भ में सफ़ेद काग़ज़ की तरह होता है। उस पर आप अपनी इच्छानुसार जिस प्रकार, जिस रंग का वर्ण अंकित करना चाहें वर्ण का लेप करना चाहें, वैसा ही वर्ण का लेप अंकित हो जाता है, फिर वह मिटता नहीं। अतः सुन्दर गुणों के माध्यम से जीवन रूपी मनमन्दिर में प्रकाश फैलाने की कोशिश करें।

स्वर्ग-मोक्ष के इच्छुक को स्वयं ही यात्रा करनी पड़ती है—स्व पौरुष से ही इनको पाया जाता है। अभ्युदय निश्रेयस सुख वही पायेगा जो मार्ग पर संयम-साधना से शृंगरित होकर अदम्य साहसी कदमों से आत्मनिर्भर होकर निर्भीक पथानुमागमी होता है। जीवन का सच्चा आनन्द वही लेगा जो आत्मा की शक्ति को पहचान लेगा।

आप यदि किसी कार्य में सफलता चाहते हैं तो उसके पीछे अपनी पूरी शक्ति लगा दें। नवयुवकों का स्वभाव ही सीखना, सहना व अनुसरण करने वाला होता है किन्तु यदि उनके अभिभावकों द्वारा बचपन से ही सारे ऐशो-आराम देकर उनको जीवन संघर्ष के लिए हतोत्साहित किया गया हो, तो इसका परिणाम यह होता है कि वे अकेले चलना ही भूल जाते हैं। उनकी हालत वैसाखियों पर चलने वाली हो जाती है और फिर ऐसे व्यक्ति दूसरों के सहारे जीवन जीने के आदी बन जाते हैं। आदत से लाचार बनकर जीवन के मूल्य को नहीं समझ पाते। अन्ततः मृत्यु शैया की शरण पाकर जीवन को खो बैठते हैं। किसी भी सिफारिश या प्रभाव के सहारे आगे बढ़ने का प्रयत्न आपके सम्पूर्ण भविष्य को नष्ट कर देगा। अतः आप स्वयं को इस योग्य बनाइए कि आपको किसी का सहारा लेने की आवश्यकता ही न पड़े। अपने अन्दर का साहस एवं विश्वास जगाइए और अपनी उच्च आकांक्षाओं को प्राप्त कीजिए। यदि आनन्द की ही अनुभूति करनी है तो स्वयं के द्वारा कीजिए। इस अनुभूति को कोई आपको दे नहीं सकता।

एक दार्शनिक ने लिखा है—

'जो आरामदेह सोफ़े पर बैठा है, वहीं सो जायेगा।' अतः जो दूसरों के भरोसे बैठा है और आगे बढ़ना चाहता है, वह अपने को अपंग बनाने का उपक्रम कर रहा है।

स्वयं की शक्ति को तोड़ रहा है। इससे व्यक्ति की सारी शक्ति दम तोड़ देती है और शक्तिविहीन होकर जीवन जीने का क्या औचित्य?

परम पूज्य गुरु 'आचार्य विराग सागर जी' तभी तो हर समय मुखरित प्रसून में कहते हैं, "हे मानव! तू अपनी बुद्धि का प्रयोग करना सीख। जो स्वयं की बुद्धि का इस्तेमाल नहीं करता, वह बोध में बोधि से बोधित्व (केवल ज्ञान) का जागरण नहीं कर सकता।"

बल्कि उसकी बुद्धि कुन्द (कुष्ठित) हो जाती है। फिर न उसमें आत्मविश्वास होता है और न ही आगे बढ़ने की क्षमता। उसका तो भविष्य ही अन्धकार में डूब जाता है।

एक युवक है जिसके शरीर में स्वच्छ रक्त संचार हो रहा है, जिसके चौड़े कन्धे हैं, जिसकी बाहुबल से युक्त सुन्दर-मजबूत भुजाओं वाली देह है। तात्पर्य–शरीर से बली है, सब प्रकार से स्वस्थ है। ऐसा व्यक्ति यदि दूसरों से मदद माँगता है, तो आप उसे क्या कहेंगे? उसके बारे में क्या सोचेंगे? वह तो सर्वांग सुन्दर होते हुए भी अपंग कहलायेगा। आप ऐसे अपंग मत बनिये। सामर्थ्यवान बनिये जिससे दूसरे आपका सहारा पाने की चेष्टा करें।

निजात्म शक्ति से स्रावित प्रबल पुरुषार्थ ही उन्नति के शिखर तक ले जाता है। मोक्षमार्ग भी स्वावलम्बी का ही है। तीर्थेश भगवन्त, सन्त, गुरुजन, मार्ग द्रष्टा बन सकते हैं। चलना तो स्वयं को पड़ेगा।

'परस्परोपग्रहो जीवानाम्' का मैं निषेध कर रहा हूँ। यह निमित्ताधीन कथन है क्योंकि निमित्त और उपादन-शक्ति का मेल ही कार्य सिद्धि का मार्ग है। किन्तु जो स्वशक्ति से अनभिज्ञ बैठा है, क्या वह मुक्ति शिखर तक पहुँच पायेगा? कदापि नहीं। परोपकार की भावना तो हो, पर दूसरों से सहायता की अपेक्षा न हो। यह ज्ञानी की पहचान है और अज्ञानी ठीक इसके विपरीत दौड़ता है। यही भूल उसके आगे बढ़ने में बाधक सिद्ध होती है। वहीं दूसरी ओर आत्म निर्भरता से मनुष्य की शक्तियाँ विराट रूप धारण करके प्रकट होती हैं, आत्म-विश्वास सफलता की नींव है। आत्म-विश्वास के सहारे मनुष्य दूसरों की सहायता करने में सफल हो सकता है।

एक प्रबन्धक ने कहा, “मैं अपने बेटे को किसी ऐसी कम्पनी में नियुक्त कराना चाहता हूँ, जहाँ उसे कठिनाइयों का सामन करना पड़े क्योंकि इससे उसकी सहनशक्ति और कुशलता विकसित होगी। यदि मैं उसे अपनी कम्पनी में रखता हूँ तो वह मेरे ही भरोसे बैठा रहेगा, हर निर्णय के लिए मेरा मुँह देखेगा और उसमें ठहरे हुए पानी की तरह सड़ान्ध उत्पन्न हो जायेगी।”

कितने सुन्दर विचार थे उस व्यक्ति के। क्या आप अपने पुत्र के लिए ऐसा सोच सकते हैं? यदि आपने ऐसा सोच लिया तो आप अपने पुत्र के भाग्य-विधाता बन जायेंगे। जो माता-पिता अपने बेटे को अधिक लाड़-प्यार में बिगाड़ देते हैं कि बेटी जब चाहे तब काम पर जाये, जाब चाहे न जाये, यदि इच्छा हो तो मन्दिर जाये, इच्छा नहीं तो मत जाये। इससे उस बेटे का भविष्य बिगड़ता है, ऐसा बालक प्रगति नहीं कर सकता।

आलस्य-अकर्मण्यता-अवसाद के कुसंस्कार भावी जीवन पर प्रश्न-चिन्ह लगा देते हैं। ऐसे संस्कार बच्चों को कर्तव्यहीन बनाते हैं। **मातृत्व पितृत्व भाव तो वहीं शोभित होता है जहाँ कि कठिनाइयों के पथ-पर भी सन्तान संयम सरोवर में अवगाहित होकर पुण्य जैसा विकसित हो, आचरण की मकरन्द फैलाती रहे।** ऐसा तभी हो सकता है जब सन्तान को निर्भीक-कर्तव्य-परायणता, कर्मठ मुक्तिराह पर पुरुषार्थी बनने की प्रबल प्रेरणा माता-पिता से मिली हो।

अपनी शक्ति पर भरोसा करना पौरुष का मूलमन्त्र है, सफलता का आद्यसूत्र है। माँ-बाप के आश्रय-जीवन बिताने के आकांक्षी आत्मोत्थान नहीं कर सकते। ऐसे व्यक्तियों को भयंकर मुश्किलों का सामना करना पड़ता है क्योंकि यह संयोग तो क्षणभंगुर है, अशाश्वत है, इस पर्याय का सम्बन्ध है जिसका वियोग नियामक है। दूसरों के सहारे आगे बढ़ने वाले अक्सर भँवर में फँस जाया करते हैं। जिस नाव, पतवार आपके हाथ में नहीं, वह नाव आपको पार लगा देगी, इस बात की क्या गारंटी? आपका जीवन तो उसके हाथों में है, जिसके हाथ में पतवार है। आप उसके रहमोकरम पर हैं। वह चाहे तो अपको डुबा दे, चाहे तो पार लगा दे। और पार वही पाते हैं जो स्वयं तैरने की कला से मण्डित हैं; और तैराक वे ही होते हैं, जो अदम्य साहसी होते हैं। क्योंकि नदी में बाढ़ आने पर साहसी

व्यक्ति तो तैरकर पार निकला जाता है, परन्तु जो कायर हैं, वे डूबकर प्राण दे देते हैं। सहायता लेना अथवा सहायता की आशा रखना दोनों ही प्रगति के मार्ग में बाधा डालते हैं। इसलिए बालकों, युवकों के लिए यह आवश्यक है कि वे प्रारम्भ से ही अपना कार्य स्वयं करने की आदत डाल लें। मोक्षाकांक्षी को एकत्व अनुप्रेक्षा (भावना), सम्यक् संस्कारों का बीजारोपण शुरू से ही करते रहना चाहिए।

यदि कभी जीवन में आप असफल भी हो जाते हैं तो उस असफलता से बिना घबराये तुरन्त उस कमी को खोज लीजिए जिसके कारण आप असफल हुए हैं और उसे दूर करने के प्रयास में जुट जायें।

मैं सत्य कहता हूँ–

जिस समय आप दूसरों की सहायता लेना बन्द कर देंगे, उसी समय आपको अपने अन्दर आत्मनिर्भरता का अंकुर फूटता महसूस होने लगेगा। तब आपका व्यक्तित्व आदर्शमयी बनेगा, तभी आप एक सफल व्यक्ति के रूप में दुनिया के सामने आयेंगे। यदि आप दूसरों से सहायता लेते हैं तो अपनी पहचान खो देते हैं। क्योंकि माँगना जीवन की महादरिद्रता है तथा हृदय पर करारी चोट है। माँगना अच्छा नहीं है इसलिए कहा गया है–

मांगन मरन समान है, मत माँगो कोई भीख।
मांगन से मरना भला, यही सद्गुरु की सीख ॥

आप ऐसा प्रण (संकल्प) कर लें कि आपको अपने ही बाहुबल, मनोबल व अपने ही भरोसे जीना है न कि किसी की दया पर। बाहरी सहायता तभी वरदान सिद्ध होती है, जब वह वात्सल्यमयी करुणा भावना से युक्त गुरुजनों के आशीष से हुई हो। वरन् वह अभिशाप ही सिद्ध होती है। वस्तुतः सत्य तो यह है कि बाहरी सहायता व्यक्ति को कमज़ोर बनाती है। काम करने की गति कम करने से शरीर में सुस्ती आ जाती है। जीवन में ऐसे लोगों को अपना मित्र बनायें जो आगे बढ़ने की प्रेरणा दें।

एक व्यक्ति का पैर दुर्घटना में कट जाता है। अपंग हो जाने के पश्चात् भी वह किसी का सहारा नहीं लेता। अपनी आजीविका चलाने के लिए उसने

सबसे पहले वजन तौलने की एक मशीन खरीदी। उसके बाद उसने फुटपाथ पर ही समाचार-पत्र और पत्रिकाएँ बेचने का काम शुरू किया। आज वही व्यक्ति दूसरों की सहायता करने योग्य बन चुका है। वह उनके लिए प्रेरणा है, जो सर्वांग समर्थ होते हुए भी दूसरों से सहायता की आशा रखते हैं। ऐसे स्वाभिमानी और आत्म-विश्वासी व्यक्ति अपना तो भाग्य बदलते ही हैं, दूसरों का भी भाग्य बदल देते हैं।

मेरा आशय यही है आप फिर क्यों किसी की प्रतीक्षा करते हैं? क्यों नहीं जीवन-निर्माण के प्रति उद्यम करते हैं? क्योंकि मेरा आशय मात्र जीवन निर्वाह से नहीं है, जीवन के वास्तविक निर्माण एवं निर्वाण से है। जीवन यापन तो पशु, पक्षी, कीड़े-मकोड़े भी करते हैं। वे भी किसी-न-किसी तरीक़े से ज़िन्दगी गुजार लेते हैं। मानव जीवन का उद्देश्य ज़िन्दगी गुजारना नहीं, मानवता पैदाकर मानवीयता का आयाम खड़ा करना है। काँच से कंचन, कंकर से शंकर और तीर्थंकर बनना है। और यह मकसद स्वयं के द्वारा, स्वयं के निर्मल चरित्र से, निज पौरुष के बल पर ही तैयार होता है। उनके जीवन में तो कदापि नहीं जो पर सहायता के पिपासु रहते हैं या आलसी, निरुत्साही बनके ईश्वर के भरोसे ज़िन्दगी यापन करने की सोच बैठे हैं।

अजगर करे न चाकरी, पंछी करे न काम।
दास मलूका कह गये, सबके दाता राम ॥

इस मान्यता में जीने वाले मानव-जीवन की श्रेष्ठता का आकलन नहीं कर सकते और न ही श्रेष्ठता की मंज़िल तक पहुँच सकते।

जब कोई युवक अपनी हिम्मत के सहारे किसी व्यापार में उतरता है, तब उसके मन में श्रेष्ठ भावना अवश्य पैदा होती है। यह भावना ही उसे प्रसन्नता प्रदान करती है। भले ही इसके पहले वह किसी के अधीन रहकर कितना भी बड़ा व्यापार क्यों न कर चुका हो। परन्तु उसे अपने साहस से काम करने में एक नये आनन्द का अहसास होता है। ऐसा ही आनन्द मुमुक्षु को होता है। जब कोई मोक्ष का इच्छुक अन्त प्रेरणा से स्वावलम्बन लेकर, स्वयं के पौरुष से,

चरित्र की पूँजी से, आत्मोत्कर्ष का व्यापार करता है तो उसे जिस आनन्द की अनुभूति होती है, वह अपूर्व होती है।

जब सागर शान्त हो तो नाविक को जहाज़ बहुत अधिक होशियारी से चालने की आवश्यकता नहीं होती, पर ज्यों ही तूफान की स्थिति बनती है और जहाज़ के डूबने का खतरा होता है, तब नाविक अधिक सावधानी बरतने लगता है और जब जहाज़ के सभी व्यक्ति घबरा रहे होते हैं, तब नाविक सम्पूर्ण योग्यता को काम में लाता हुआ अपने जहाज़ को तूफान से बचा ले जाता है।

ऐसी ही वास्तविक योग्यता की परीक्षा दुख अथवा संकट के समय में होती है। संकट के समय खरे उतरना ही योग्यता की कसौटी है। और योग्यता की सम्यक् अभिव्यक्ति का अद्भुत साहस, मुक्ति पथ पर साहसी कदम ही पूर्ण अभिव्यक्ति का माध्यम होता है। मुक्ति पथिक आखिरी दम तक समतामयी संघर्ष करता है। आखिरी साँस तक संघर्ष की यात्रा करता है, आत्म विजय की पहल करता है। मार्ग में आयी हर विपत्ति को मुस्कुराते हुए मानव समस्त साधना से जीतता है और वही विपत्ति-सम्पत्ति में परिणत होकर साधक के चरणों में माथा टेक लेती है। साधक रास्ते के हर शूल, अँगार को समता के साथ हृदय से लगाता है और अन्ततः साहस के समक्ष वे शूल और अँगार शान्ति आनन्द के फूल बनकर आत्मिक शृंगार बनते हैं। सच ही कहा है–

मत कहो कि दिन कभी खराब थे।
काँटों के बीच घिर गये समझो गुलाब थे ॥

प्रगति की राह पर आगे बढ़ते समय आप तूफानों से मत घबराइए। जो जितना आगे बढ़ता है, उसे उतने ही ज़्यादा तूफानों का सामना करना होता है। और फिर इस बात का भी ध्यान रखना चाहिए कि यदि गलत साधनों से कोई सफलता मिल भी जाये तो वह सच्चे सुख, सन्तोष का कारण नहीं बन सकती है। इसलिए श्रेष्ठ उद्देश्य की प्राप्ति में कोई कठिनाई आये तो निराश न हों। ऐसे समय में हिम्मत से काम लिया जाना चाहिए।

जीवन एक संघर्ष है। इसमें सफल होने के लिए मानव को अथक प्रयास करना पड़ता है। प्रत्येक विवेकशील व्यक्ति के पास अपने भविष्य की कुछ योजनाएँ होती हैं, किसी लक्ष्य को प्राप्त करने का स्वप्न होता है।

लक्ष्य प्राप्त करने के लिए प्रत्येक व्यक्ति में एकलव्य की तरह संकल्प और अर्जुन की भाँति दृष्टि का होना अपरिहार्य है। यदि इसमें कमी है तो आपकी योजनाएँ सदैव सन्देहात्मक बनी रहेंगी। लक्ष्य निश्चित करना सरल कार्य है किन्तु उसके लिए प्रयास करना असम्भव तो नहीं कठिन अवश्य है। किसी भी दिशा में यात्रा करने से पूर्व उसके नकरात्मक पक्ष पर अधिक नहीं सोचना चाहिए। अपितु उसके सकारात्मक पहलू का ही अवलोकन करना हितकर होता है। क्योंकि अन्धकार की सत्ता को चुनौती नहीं दी जा सकती है, परन्तु किसी भी चीज़ के अलौकिक पक्ष पर विशेष बल देने से आपको एक उत्साह मिलता है। इससे आपके अन्दर अपनी मंज़िल पाने की क्षमता में वृद्धि होती है। किन्तु क्षमता का विकास तभी होता है, जब व्यक्ति अपनी समस्याओं के भँवर में न फँसे। क्योंकि मंज़िल तय करने में या लक्ष्य को सकार रूप देने में परिस्थितियाँ बाधाएँ उत्पन्न करती हैं। यदि व्यक्ति अपनी समस्याओं के भँवर में फँस जाता है, तो अवसर उसके हाथ से छूट जाते हैं और लक्ष्य सदा-सदा के लिए उससे दूर हो जाता है। अतः रास्ते में आये काँटों से घबराना नहीं चाहिए, अपितु उसके बीच से एक रास्ता निकालना चाहिए जो लक्ष्य के पास पहुँचे। क्योंकि समस्याएँ और विपरीत परिस्थितियाँ तो मानव के अभिन्न अंग हैं और इनसे उलझने पर हमारा विकास अवरुद्ध होता है। परन्तु इनके ऊपर समता के साथ विजय प्राप्त करना ही श्रेयस्कर है।

व्यक्ति की व्यक्तिगत गलतियाँ या कमियाँ ही उसे मनोवांछित दशा को प्राप्त करने में शत्रु सिद्ध होती हैं। अपने अन्दर आलस्य, अहं, अनुशासन की कमी, सकारात्मक सोच का अभाव, चरित्र की कमी आदि अवगुणों को नष्ट करना ही आपका प्रथम कार्य होना चाहिए। क्योंकि इनकी अनुपस्थिति में आधी सफलता तो स्वयमेव मिल जाती है और इस तरह आप सफलता के सोपान पर आरूढ़ होने लगते हैं।

कभी-कभी मनोवांछित फल प्राप्त करने में समय लगता है। इसी बीच हम लोग धैर्य खोकर बैठ जाते हैं। यहाँ यह ध्यान रखना चाहिए कि किसी भी महान सिद्धि को प्राप्त करने में समय अवश्य लगता है परन्तु कार्य अपूर्ण नहीं रहता। तीर्थंकरों के जीवन चरित्र को पढ़ने पर ज्ञात होता है कि उन्होंने कितने धैर्य एवं समत्व का शृंगार किया, तब कहीं जाकर दस-दस भवों की संयम-साधना के पुरुषार्थ उनके जीवन में महान सिद्धि तीर्थेश पद, मुक्ति पद फलितार्थ हुआ। इसलिए हमें धैर्य को सच्चा-मित्र बनाकर ही अपना प्रयास आरम्भ करना चाहिए।

धैर्य का अभाव व्यक्ति एवं कार्य दोनों को पूर्ण नहीं होने देता है। धीरज की महत्ता को तीर्थंकर-महापुरुषों श्रमण सन्तों-मनीषियों ने एवं तुलसी, रहीम, गाँधी, मार्क्स, लिंकन ने भी स्वीकारा है। तीर्थंकर महाश्रमण भगवान-महावीर ने कहा है, "धैर्य सारे आनन्दों का मूल है।" धैर्यवान वही हो सकता है जो धीर-वीर हो, धीरता, वीरता का परिचायक संयम (चरित्र) होता है यानी चरित्रवान, शीलवान होना ही धीरता का मापदण्ड है। उसी के जीवन में समीचीन धैर्य का जन्म होता है। आचार्य श्री विराग सागर जी कहते हैं कि धैर्य के अलावा जीवन के लक्ष्य के द्वार की कोई और कुंजी नहीं है। धैर्य के अभाव में व्यक्ति सदैव अपना उद्देश्य बदलता रहता है और उसके दुष्परिणाम से उसका सम्पूर्ण जीवन अशान्त हो जाता है।

धैर्य का उफ़ान ही आनन्द बयार लगता है। धैर्य की वास्तविकता विपत्ति के समय उभरती है और ऐसे ही समय में ही योग्यता का सही मायने में परीक्षण होता है। थोड़ी पूँजी लगाकर जब कोई इंसान अपने व्यापार का विस्तार करता है, तो उसे वर्षों तक कठिन परिश्रम करना पड़ता है। इस परिश्रम का जो प्रतिफल मिलता है, वही उसकी विजय का प्रतीक है। इस तरह से एकदिन वह सफल व्यापारी बन जाता है। और जो व्यक्ति उसका मज़ाक उड़ाया करते थे, वे उसकी सफलता की प्रशंसा करते नहीं थकते हैं। इसी प्रकार का श्रम-धैर्य परमार्थिक जीवन के लिए नितान्त आवश्यक है। साधक जीवन की सफलता भी श्रम-धैर्य के झरने से प्रस्फुटित होकर सरिता सागर में पूर्ण होती है, साधना की परम-समाधि में लीन होती है और अन्ततः मुक्ति से समाती है। इसे मुक्ति सिन्धु भी इसे कहते हैं। इसे कहते हैं अपने हाथों अपने भाग्य का निर्माण।

आत्मशक्ति का चमत्कार। परिश्रम एक ऐसी सुनहरी चाबी है जो सफलता का दरवाजा खोल देती है। यही भाग्य के सृजन की आधारशिला है। चाहे जितना भी मजबूत ताला सफलता के द्वार पर लगा हो परिश्रम की मास्टर चाबी (Master Key) से खुल जाता है। व्यक्ति असफलताओं को भगवान की मर्जी मानता है, जबकि 'भगवान की मर्जी' शब्द जितना गलत है, उतना ही 'दैव-दैव आलसी पुकारा' सही है। बिना परिश्रम के तो देवताओं से मैत्री भी प्राप्त नहीं होती। ऋग्वेद में भी यह बात कही गयी है कि–

'न ऋते श्रान्तस्य सख्याय देवाः।' बिना परिश्रम किये देवता भी मदद नहीं करते और परम सत्य है कि बिना श्रम के भाग्य का निर्माण सम्भव नहीं। श्रम यानी पुरुषार्थ। पुरुषार्थ जनक है–भाग्य का। भाग्य का प्रसव पुरुषार्थ की कोख से ही होता है। आज का पुरुषार्थ कल का भाग्य होता है।

जैन दर्शन के महान नैयायिक तार्किक चूड़ामणि समन्तभद्राचार्य तीर्थेश की अकाट्य पीयूष-वाणी को आप्त मीमांसा ग्रन्थ में लिखते हैं–

अबुद्धि पूर्वपेक्षाया मिष्टा निष्टं स्वैदवतः।
बुद्धि पूर्वव्य पेक्षाया मिष्टा निष्टं स्वपौरूषात् ॥

श्रम व पौरुष की भूमिका वही निभा पाता है जो जागरूक है। यदि प्रतियोगी जागरूक है तो घड़ी के काँटे की एक-एक टिक्-टिक् ध्वनि उसे आगे बढ़ने की हिम्मत देती है। समय ने कभी भी रुकना या कम होना नहीं सिखाया। क्योंकि बिना पुरुषार्थ के लौकिक जीवन का निर्वाह भी नहीं हो सकता तो परमार्थ जीवन का निर्माण कैसे सम्भव हो सकता है?

'Times is gold frieter is not away' "समय सोना है। इसे व्यर्थ में नष्ट मत करो।" सोना गुम हो जाने पर पुनः प्राप्त किया जा सकता है, लेकिन यदि एक बार समय नष्ट हो गया तो पुनः प्राप्त नहीं किया जा सकता। इसलिए जागो और बदलो स्वयं को क्योंकि आलसी कभी भी स्वयं को नहीं जान सकता और न ही परमार्थ को पा सकता। कहा भी गया है–

क्षणत्यागो कुतो विद्या

क्षण का त्याग करने पर विद्या की प्राप्ति की आशा नहीं की जा सकती।

अभी समय हमारे हाथ में हैं। 'उत्तिष्ठ' जाग्रत प्राप्य वरान निबोधात्।' उठिए, जागिए तथा लक्ष्य प्राप्ति तक मत रुकिए। यदि आपने समय का मूल्य तथा लक्ष्य प्राप्ति का महत्त्व जान लिया, तो सचा मानिए सफलता आपके कदमों में होगी। क्योंकि सफलता का वरण एवं ऊर्ध्वारोहन आत्मविश्वास से ही होता है। आत्मविश्वासी ही समय और श्रम की श्रेष्ठता पहचानकर सफलता की इमारत खड़ी करता है। आत्मविश्वास का होना जीवन के प्रत्येक पल के लिए आवश्यक है। 'आत्मविश्वास सफलता की जननी है।' आत्मविश्वास की वास्तविक परीक्षा उस समय होती है, जब वह किसी ऐसी प्रतियोगी परीक्षाओं के लिए कतारबद्ध खड़ा हो जहाँ हर एक अंक उसके भविष्य निर्माण के लिए मार्ग प्रशस्त कर रहा हो।

आत्मविश्वास जाग्रत करने हेतु ज्ञान व अनुभव के साथ समय के सदुपयोग की आवश्यकता होती है। समय के सदुपयोग से आशय ऐसे कार्याकलापों से है, जिनके सम्पादन में परीक्षार्थी सुनिश्चित समयावधि में पाठ्यक्रम पूरा कर लें। ऐसे ही मोक्षार्थी को चाहिए कि वह भी मानव जीवन की समयावधि में सम्यक् रूपेण समय का सदुपयोग कर साधक का पाठ्यक्रम पूरा कर ले।

सफलता का कोई रहस्य यदि है, तो वह है हमारी लगन, धैर्य, आत्मविश्वास और लक्ष्य प्राप्ति के अपने अदम्य साहस का सम्मिश्रण। और इस रहस्य को प्रकट करने का असीम साहस जिस व्यक्ति में है, वह उसे प्राप्त कर लेता है क्योंकि असीम साहस, संकल्प शक्ति और आत्मविश्वास का जीवन ही सफलता की राह चलाता है। इस प्रकार यदि हम सफलता का गहन मूल्यांकन करें तो पायेंगे कि सफलता दूर की वस्तु नहीं वरन् हमारे द्वार पर खड़ा वह भविष्य है, जो अपने आगमन हेतु लगन, धैर्य, आत्म-विश्वास और लक्ष्य प्राप्ति के अदम्य साहस रूपी तैयारी के लिए हमें उत्साहित करता है।

जीवन में पूर्ण सफलता के लिए हमें अनके असफलताओं का सामना करना पड़ सकता है और एक असफलता हमें एक नवीन प्रेरणा, एक नवीन दिशा प्रदान करती है। परन्तु हम यदि प्रारम्भिक असफलता को अन्तिम असफलता मान कर असहाय बन जायें तो यह हमारे आत्मविश्वास की हार होगी।

ठीक इसके विपरीत दृढ़ता के साथ बिना रुकावाट के आत्म-शक्ति का कवच धारण कर मंज़िल तक पहुँचा सकता है। क्योंकि वास्तव में आत्म-शक्ति का ऐसा ही चमत्कार होता है।

जिसके पास धन की शक्ति है, उसके लिए शिक्षा प्राप्त करके आत्म-विकास करने का अवसर कहाँ है। किन्तु संकट की घड़ी में ज्ञान और बुद्धि ही सहारा बनती है। कई बार जीवन में ऐसा अवसर भी आता है जिसकी हम कल्पना भी नहीं कर सकते। व्यक्ति सोचने पर मजबूर हो जाता है कि इतनी सफलता उसे मिल कैसे गयी। परन्तु वह इस शक्ति को पहचान नहीं पाता और संकट में घिर जाता है। जैसे ही यह शक्ति बाहर निकलकर उसकी सहायता करती है, असम्भव कार्य भी सम्भव हो जाते हैं।

यही कारण है कि जब मनुष्य का जीवन खतरों से घिर जाता है तब वह उससे निकलने के लिए अपनी सारी शक्ति लगा देता है। इस संघर्ष में उसकी बुद्धि तेज हो जाती है और प्राकृतिक शक्ति उत्पन्न होती है। लक्ष्य तक पहुँचने के लिए अवरुद्धता नहीं समताशील संघर्ष की गति अनिवार्य है। महानता की कसौटी ही संघर्ष की यात्रा है। महानता का सृजन भी इसी यात्रा में होता है। महापुरुषों का जीवन चरित्र पढ़ने पर ऐसा लगात है जैसे वे कठिनाइयों का जीता-जागता इतिहास हों। दूसरे शब्दों में किसी महान लक्ष्य के लिए जूझते रहना ही महापुरुष होना है। इन विषमताओं से लड़े बिना शायद ही कोई अपने लक्ष्य को पा सकता है।

मनीषियों का कथन है कि जिस उद्देश्य का मार्ग संघर्षों के बीच से नहीं गुजरता उसकी महानता संदिग्ध हैं। ऐसा तो नहीं है कि संसार के सभी महापुरुष असुविधाओं में पले हैं, किन्तु यह अवश्य है कि उन्होंने स्वेच्छा से कठोर जीवन का वरण करके ही अपने उद्देश्य को प्राप्त किया।

राजकुलों में जन्म लेने वाले तीर्थेश महावीर, राम आदि ने स्वतः काँटो से भरी कठिन राह को चुना और संयम, तप-त्याग ब्रह्मचर्य की साधनारूपी असिधारा व्रत का शृंगार कर बढ़े मुक्ति-पथ पर और पा गये महानता का पारितोषिक अर्थात् शुद्धात्मोपलब्धि।

'गाँधी जी' सम्पूर्ण जीवन कंटकीर्ण परिस्थितियों से जूझते रहने के कारण ही महात्मा गाँधी बन सकें और जन-जन के हृदय में आसीन हो गये।

संघर्षमय परिस्थितियाँ एक ऐसी कसौटी की तरह हैं, जो मनुष्य के व्यक्तित्व को तराश कर हीरे की तरह चमक देती हैं। कष्ट एवं कठिनाइयाँ अन्तःकरण के कषाय, कल्मषों को गलाने के लिए भट्ठी की तरह हैं। अपने व्यक्तित्व को इसमें झोंककर ही निखारना है। तपने से ही उसकी कान्ति और शुद्धता सौगुनी बढ़ जाती है।

विषम परिस्थितियाँ मनुष्य के लिए वरदान रूप ही होती हैं। परन्तु इन वरदानों का लाभ वही उठा सकता है, जिसमें इनको सँभालने की शक्ति हो। पुरुषार्थी और साहसी व्यक्ति ही इनको फलीभूत करके अनेक विभूतियाँ पाता है, जबकि अकर्मण्य इनकी चपेट में आकर जीवन के सुखों से हाथ धो बैठता है। विषमताओं का मूल्य गहरा है, इन पर विजय पाने वाला ही इनसे बहुत कुछ पाता और हार कर बैठने वाले को हाथ का भी गँवाना पड़ता है।

कष्ट के समय में जो व्यक्ति विवेक, धैर्य, पुरुषार्थ का कसौदी समझ कर परीक्षा देते हैं, वे जीवन के वास्तविक सुख-शान्ति से लाभान्वित होते हैं, क्योंकि सुखरूपी सूर्य, दुख रूपी बादलों में छिपा रहता है।

जो बादलों की गर्जन-तर्जन से भय किये बिना इन्हें पार करता है, उसी को सुख रूपी सूर्य की प्राप्ति होती है।

साहसी, बुद्धिमान व्यक्ति कठिनाइयों को सुखमूलक मानकर उनका स्वागत करता है। उसे वे ही कठिनाइयाँ देवदूतों की तरह वरदान देने वाली होती हैं। और जो इन्हें दुख रूप मानकर पलायन करता है वे दुख रूप में ही उनके पीछे लग जाती हैं। किसी भी कार्य के शुरू हो जाने पर श्रेय बाँटने वाले अनेक मिल जाते हैं, परन्तु वास्तविक साझेदारी निभाने वाले कम या न के बराबर। नेतृत्व करने वाले कम, नेतृत्व में चलने वाले पिछलग्गू किस्म के लोग प्रायः अधिक ही होते हैं।

संघर्षशील, संयम, समत्व का सुधापन करने वाला पिछलग्गू नहीं वरन् वह तो स्वयं का नेतृत्व करने वाला होता है और साथ ही अनेक का नेतृत्व करता है। संयमी, साहसी ही तो कर्मरूपी मगरमच्छों से मुकाबला कर विजयी होता है,

जबकि असंयमी कर्मरूपी मगरमच्छों का ग्रास बनता है। जीवन यात्रा में संघर्षरत वही हो सकता है जो निडर, निर्भय होकर सिद्धत्व की राह पर बढ़ता है। क्योंकि साहसी को खतरा कहाँ? और कायर को निडरता कहाँ?

चरित्र का एक महत्त्वपूर्ण गुण है 'साहस'। वह सिर्फ़ एक गुण ही नहीं है, बल्कि कई उपगुणों का एक छोटा-मोटा पिण्ड है। क्योंकि साहसी व्यक्ति में खतरों से जूझने का पुरुषार्थ होता है। वह खतरों को खतरा मानता ही नहीं। मजे की बात यह है कि जब हम खतरे को खतरा समझते हैं, तब वह ज़्यादा खतरनाक हो जाता है। किन्तु जब हम उसे परास्त करने के लिए संकल्पित होते हैं, अपनी आत्मशक्ति-चरित्रबल से उससे निपटने के लिए कमर कसे होते हैं, तब वह अपने आप घुटने टेक देता है। साहस का सबसे बड़ साथी होता है अभय। साहसी में भय का अभाव होता है और हीन-भाव का तो प्रश्न ही नहीं उठता। क्योंकि हीनता से भरा साहसी कैसा? हीनता की भावना एक बीमारी है जो निर्बल और कमजोर की खुराक है। 'हीनता से जो भरा, समझो वह बेमौत मरा।'

हीनता आत्म-शक्ति पर आवरण डालती है, चिन्ता उत्पन्न करती है एवं अन्तस्थ में अवसाद दुखद वातावरण को निर्मित कर जीवन को दर्दनाक मोड़ पर खड़ा कर देती है। और उस व्यक्ति का जीवन कदापि सुख, शान्ति, सन्तोष की शीतलता नहीं पा सकता। हीन-भावना से शान्ति का महल खड़ा करने का विचार सर्प के मुँह में व बिच्छु के डंक में अमृत पाने जैसा है। क्या यह सम्भव है? नहीं। रेत से तेल और जल से घृत सम्भव नहीं। तो फिर हीनता रूपी नागिन से स्नेह क्यों? उठो और चलो। साहस को साथी बनाकर आत्मशक्ति का कवच पहनकर बढ़ो। स्वावलम्बन की रोशनी में, संयम साधना के खड्ग से कर्म रूपी शत्रुओं का संहार करो। ऐसा वीर योद्धा ही तो कर्म क्षेत्र में विजयी होकर स्वराज्य का (शाश्वत) शासक होता है।

यदि आप उच्च या उज्ज्वल आदर्श बनाना चाहते हैं तो तीर्थेश भगवन्तों के कहे अनुसार साहसी बनो। साहस के साथ ही उपलब्धियों का महत्त्व जुड़ा हुआ है। साहसी व्यक्तियों के जीवन में सहसा ऐसा समय आता है कि सामने बैठे लोग अचम्भे में पड़ जाते हैं और मजबूर हो जाते हैं सोचने के लिए कि

यदि थोड़े से साहस एवं शक्ति का परिचय हमने दिया होता तो यह श्रेय हमारा और विजयश्री हमारी होती। अकस्मात् मिलने वाली सफलता व्यक्तियों में तो आश्चर्य उत्पन्न कर सकती है, परन्तु साहसी व्यक्तियों के लिए यह सब संस्कार वश है, स्वाभाविक है। किन्तु जो लोग इन्तज़ार करते हैं, उनके लिए यह चौकाने वाला होता है। साहसी व्यक्ति समय की प्रतीक्षा कभी नहीं करता, बल्कि समय उसकी प्रतीक्षा करता है। अवसर उसकी राह जोहते हैं। वह अवसर का इन्तज़ार नहीं करता। वस्तुतः साहस चरित्र का एक ऐसा गुण है, जो मनुष्य को पराक्रमी बनाता है, उसे बल और ऊर्जा से सम्पन्न बनाता है एवं उसे निहाल करता है।

साहस के साथ विवेक का सन्तुलन अत्यन्त आवश्यक है। उसके बिना सभी कुछ व्यर्थ है। विवेक मनुष्य में सद्-असद् की कसौटी बनाता है। अनुकूलता प्रतिकूलता के लिए एक सावधान समझ उत्पन्न करता है। अपने संचित बल या अर्जित योग्यता को कहाँ लगाया जाये, इस पर तो विचार अवश्य ही करना होगा क्योंकि वे व्यक्ति जो बिना विचार किये, यूँ ही व्यर्थ आवेश में आकर, अपनी शक्ति झोंक देते हैं और बाद में पछताते हैं, फिर कभी आगे नहीं आ पाते। इसलिए बहुत ज़रूरी है कि साहस की पीठ पर विवेक का चौकस पहरा हो और उसे ऐसे ही कामों में डाला जाये जो मानव-मंगल के हों जिससे समाज का व्यापक कल्याण हो सके। जो व्यक्ति पुरुषार्थ नहीं कर सकता, भला आप उसे ठीक से पुरुष कह पायेंगे? वस्तुतः साहस पुरुषार्थ का समानार्थी शब्द है। कुल मिलाकर साहस एक ऐसी उर्वरा पूँजी है जिसे यदि ठीक समय पर, ठीक जगह लगाया जाये तो व्यक्ति मालामाल हो सकता है, शक्ति का अटूट खजाना बन सकता है। सिर्फ़ शर्त यह है कि उसका सही क्षण में सविवेक इस्तेमाल हुआ हो। सच भी है, ऐसा साहसी सविवेकी ही तो सफलतम जीवन का प्रस्तोता होता है। अस्तु साहसी ही संकट के समय में मुस्कुराता है एवं संघर्ष शैली में जीवन रैली को विजयी पताका से सम्मान दिलाता है।

आन्तरिक एवं बाह्य शक्तियों की टकराहट, वैमनस्य, मतभेद, स्वार्थ, राग-द्वेष, संघर्ष की जमीन तैयार करते हैं। उन शक्तियों को परस्पर कभी किसी

समझौते की गुंजाइश या सम्भावना नहीं होती। इन शक्तियों में जय-पराजय का जो बाहरी या भीतरी महाभारत ठनता है उस महायुद्ध का नाम संघर्ष है। इसमें एक की हार, एक की जीत स्वाभाविक है। शक्तिशाली युक्तिवान जीतता है और निःशक्त समझ में बौना हारता है। कभी-कभी वे व्यक्ति भी मैदान जीत जाते हैं जो क्रूर, कुटिल और चालाक होते हैं। कई बार क्रूरता, कौटिल्य की शक्ति-रचना सम्यक्त्व को हरा देती है, किन्तु यह हार कुछ समय के लिए होती है। बाद में वही शक्तियाँ समय से साथ जीती हैं जो सत्य की धरती पर होती हैं और किसी भी संकट में सच्चाई का सम्बल नहीं छोड़ती।

इतिहास साक्षी है कि संघर्ष की जननी विषमता है। यह बात तो सभी जानते हैं कि समानताएँ गले मिलाती हैं और असमानताएँ टकराव उत्पन्न करती हैं। हिंसक अहिंसक से जूझते हैं। प्रगति परम्परा से टकराती है। आधुनिकता अतीत से टकराती है और ज्ञान, अज्ञान का टकराव तो सदैव से ही रहा है। धर्म और विज्ञान अपनी महत्ता प्रतिपादित करते हैं तो दूसरी ओर तर्क और श्रद्धा, हृदय और बुद्धि की पटरी नहीं बैठती। तात्पर्य है कि दो विषमताओं के बीच सेतु बाँधना कठिन ही नहीं असम्भव ही होता है। प्रकाश और अन्धकार, सत्य और असत्य किसी मैत्री के पाश में बँधे भी तो कैसे? कौरव-पाण्डव, पार्श्व-कमठ के युद्ध अनवरत चले हैं और चलते रहेंगे परन्तु अन्त में विजय सदा सत्य की होगी, वही हमेश परचम फहरायेगा।

यह बात बिल्कुल सत्य है कि संघर्ष के गर्भ से ही विकास प्रक्रिया प्रारम्भ होती है। संघर्ष युग चेतना को माँजता है और हमारी शक्तियों को आत्मावलोकन के मौके देता है। इस आत्म समीक्षा से अनागत संघर्ष को टाला जा सकता है। साथ ही उन तथ्यों को भी गहराई में जाकर पकड़ा जा सकता है। जिनकी वजह से प्रायः संघर्ष होता है। जब जीवन में जड़ता-जर्जरता निष्प्राणता आ जाती है, तब संघर्ष होते हैं। इस तरह संघर्ष जड़ता का समाधान है। यह आवश्यक नहीं कि वह लड़ाई झगड़े या मार-काट का रूप लेकर हमारे सामने आये वरन् वह 'बाहुबली' और 'वर्द्धमान' के रूप में भी प्रकट हो सकता है। जो संघर्ष अन्तर्मुखी होता है, वह जीवन को आलोकित करता है।

साधक-पुरुष का मार्ग प्रशस्त करने में ऐसा संघर्ष अपनी अहम् भूमिका निभाता है। समत्वयुक्त अन्तर्मुखी संघर्ष ही कर्म-शत्रुओं से विजय दिलाता है और बाहर चलने वाले संघर्ष के परिणामस्वरूप साम्प्रदायिक टकराहटे प्रायः अपने पीछे प्रतिकार रूपी विष छोड़ जाती हैं। यह विष समाज को ऐसे दलदल में फँसा देता है कि सदियाँ भी विष का प्रभाव कम नहीं कर पातीं। इसलिए संघर्ष को जहाँ तक बने भीतर ही मोड़ देना चाहिए क्योंकि यह रचना, प्रगति सृजन को जन्म देती है। संघर्ष परिवर्तन के लिए, संघर्ष न्याय के लिए, संघर्ष स्वतन्त्रता के लिए और संघर्ष ज्ञान के लिए मनुष्यता के ललाट पर रोली (कुमकुम) के तिलक होते हैं और प्रकाश स्तम्भ की तरह संकट में तूफानों से रक्षा करते हैं। वस्तुतः मनुष्य का समूचा विकास संघर्षों की गौरव गाथा है। क्योंकि इससे निकलने वाली चिंगारियाँ सदैव प्रकाश बनती हैं जो हमारे अन्दर-बाहर के अँधेरों को निकाल फेंकती हैं। संघर्ष हमारे साहस को समृद्ध करता है, आत्म-विश्वास को बढ़ाता है एवं प्रगति के लिए नये द्वार खोलता है।

मनुष्य को अपनी शक्ति को पहचानने में अनेक कष्टों और संकटों से जूझना पड़ता है। तब कहीं जाकर व्यक्ति स्वयं को पहचान पाता है। कुछ तो अपनी शक्ति को यथा शीघ्र पहचान लेते हैं, किन्तु कुछ व्यक्ति कड़े संघर्ष के बाद भी अपनी शक्ति को नहीं पहचान पाते, क्योंकि उनकी शक्तियाँ इतनी गहरी छिपी रहती हैं कि कोई विशेष घटना ही उन्हें उजागर कर पाती है। बिजली की भाँति घोर गर्जना, फिर अजगर की भाँति बड़ी परेशानी या कोई विपत्ति या असहयनीय दुख व्यक्ति की सुप्त शक्ति को जाग्रत कर देता है और वही सोयी हुइ शक्ति प्रचण्ड रूप धारण कर लेती है।

कुछ पेड़-पौधों के पत्ते मसलने पर ही सुगन्ध प्रदान करते हैं। इसी प्रकार कई व्यक्ति संकट के समय ही अपनी आभा प्रदान कर पाते हैं। यदि उनके जीवन काल में कोई संकट न आये तो वे अपनी चमक ही नहीं दिखाते हैं। इस प्रकार व्यक्तियों का जीवन व्यर्थ ही चला जाता है और फिर अचानक कोई झटका उन्हें लगता है तो उनकी दबी हुई प्रतिभा उभरकर सामने आ जाती है।

अमेरिका के भूतपूर्व राष्ट्रपति अब्राहम लिंकन तथा सेनापति ग्रांट उपरोक्त स्थिति के लौकिक दृष्टि से सर्वश्रेष्ठ उदारहण हैं।

ग्रांट को चालीस वर्ष की उम्र तक उनके परिवार के अतिरिक्त कोई भी नहीं जानता था। वह पहने अन्दर छिपी शक्तियों से सर्वथा अनभिज्ञ था। उसने कभी स्वप्न में भी नहीं सोचा था कि वह सेनापति बन जायेगा। इसे कई बार नौकरी से इसलिए निकाल दिया गया कि वह अयोग्य है। लौकिक शिक्षा मात्र बी.ए. तक है। उसके बाद उसे 'कस्टम हाउस' में नौकरी मिली, उसे वहाँ से भी निकाल दिया गया। फिर स्टोर कीपर, ट्रेनर आदि में रखा गया। लेकिन सफलता कहीं भी नहीं मिली।

और एक दिन ऐसा आया कि वह अमेरिका की सेना का महानायक बन गया। अमेरिका की भीषण लड़ाई की आँधियों में उसने अपनी सम्पूर्ण शक्ति को झकझोर दिया। उसकी कार्यकुशलता, कार्यशक्ति और उसके नेतृत्व का प्रभाव देखकर सारा संसार दाँतों तले अँगुली दबाये रह गया और वह सेनापति के रूप में विश्व के समक्ष आया। मैं तुमसे सेनापति या राष्ट्रपति बनने के लिए नहीं कह रहा हूँ।

मैं तुमसे परमात्मा बनने की चर्चा ज़रूर कर रहा हूँ, महापुरुष के पथ पर चलने की वार्ता कर रहा हूँ।

जागो! तुम भी परमात्मा हो! बूँद से सागर, अणु से विराट की यात्रा करो, निखारो प्रतिभा को! करो स्वयं से संघर्ष!

जागरण तुम्हारी क्षमता है, तुम्हारी सम्भावना है। जैसे बीज में वृक्ष छिपा है, ऐसे ही तुम में परमात्मा छिपा है।

आवश्यकता और आवश्यक पदार्थ की दुर्लभता ही सदा से मानव जाति के विकास का कारण रही है। सारी सभ्यता और संस्कृति का आधार श्रम और संघर्ष ही रहा है। अपने लक्ष्य को पाने में जो खो गया, वही कुछ दे सका। कई वैज्ञानिक आविष्कार की साधना में लीन होकर अपने लक्ष्य को पाने के लिए संघर्ष करते रहे। उनका परिवार अभाव ग्रस्त रहा परन्तु उन्होंने अपने लक्ष्य को प्राप्त करके ही चैन की साँस ली और फिर वही सफलता विश्व के समक्ष आश्चर्य बन गयी।

आवश्यकता आविष्कार की जननी है।

पर इसका तात्पर्य भौतिकता नहीं, परामर्थ प्रयोजन से सन्दर्भ जोड़ना है। जब कोई साधक साधना की धुरी पर चलता है और समत्व की आवश्यकता अनिवार्य है यह सिद्ध करता है, तब उसका उद्देश्य समत्व के आविष्कार का होता है। उसका धैर्य संयम की माँग करता है तब कहीं आत्म साधक के जीवन में समता का उद्‌भव होता है। आविष्कार का अर्थ है—नया जीवन, जीवन का मंगलमय प्रभात, सम्यक्त्व, संयम-समता, समाधि को सरिता में जीवन का अवगाहन। संसारी-भोगी जीवन को मिटाने के लिए संन्यासी योगी जीवन का आविष्कार नितान्त आवश्यक है।

यदि मानव इस ज़रूरत को स्वीकारता है और उसे पाने की तैयारी में साहसी कदमों को बढ़ाता है, तो नियामक नया अपूर्व विकास करेगा। ज़रूरत का ही कमाल है। जिसने मानव सभ्यता को कहाँ से कहाँ पहुँचा दिया। आवश्यकता ही लक्ष्य का निर्धारण करती है जिसे पाने के लिए वैज्ञानिक अथवा शोधकर्ता जी-जान से जुट जाते हैं। तब उन्हें अपनी शक्ति का ज्ञान होता है। मानव की यह सुप्त शक्ति आपात काल में ही प्रकट होती है। इसका तात्पर्य यह है कि मनुष्य को यदि किसी वस्तु की आवश्यकता न हो यानी निश्चित लक्ष्य की चाह न हो तो उसकी आन्तरिक शक्ति का अन्त हो जाये। अन्त होने का तात्पर्य शक्ति सुप्त पड़ी रह जाये। और यदि हम किसी का सहारा लेते हैं, तो यह शक्ति अपनी गरिमा और महत्त्व को प्रगट नहीं होने देती। आत्म-निर्भरता एक ऐसी शक्ति है जो मित्रता, प्रभाव, धन-सम्पत्ति, ऊँचा वंश तथा बाह्य सहायता भी की सामूहिक शक्ति से अधिक शक्तिशाली है। परन्तु यह शक्ति विरले मनुष्य ही जाग्रत कर पाते हैं। बहुधा तो यूँ ही अनभिज्ञ बने जीवन को खत्म कर देते हैं। जिन्हें मानव रत्न की अमूल्यता दृष्टिगोचर होने लगती है, वे ही इस महाशक्ति (महान ऊर्जा) को पैदा कर पाते है। इस महानतम ऊर्जा का विस्फोट तभी सम्भव है, जब आत्म-निरीक्षण की कला हो।

किसी भी व्यक्ति के जीवन में सर्वाधिक महत्त्वपूर्ण क्षण वह होता है जब व्यक्ति अपनी आत्मा के गुण आत्म-स्वरूप को, अपने भीतर छिपी शक्तियों को पहचान लेता है। कुछ ही लोग ऐसे भाग्यशाली होते हैं, जो अपनी शक्तियों

को आत्मा के स्वरूप को पहचान पाते हैं, शेष तो जैसे-तैसे किसी तरह जीवन की गाड़ी खींच रहे होते हैं। इस संसार में यदि कोई सर्वाधिक कठिन कार्य है, तो वह है अपने आपको पहचानना। अपनी आत्मा के स्वरूप को जानना। भेद विज्ञानी वह होता है जो आत्म स्वरूप को पहचानता है। जिसे संयोग, संश्लेष, तादात्म्य सम्बन्ध की जानकारी है। जिसका ज्ञान अनुभव की कसौटी पर कसकर आचरित हो उठा है। जिसे शरीर, कर्म, आत्मा की भिन्नता दिखाई देने लगी है। आत्म गुणों को छोड़कर सभी विभाव परिणाम-राग, द्वेष, बाह्य सम्बन्ध, मेरे स्वाभाविक गुण नहीं हैं। कर्म जनित मोह-जनित हैं। ऐसा विवेक, ज्ञानी सही मायने में भेद विज्ञानी होता है। तात्पर्य संयमी, साधक पुरुष ही सच्चा भेद विज्ञानी होता है। वस्तुतः साधक का ज्ञान क्रियान्वित होता है जो कि स्वयं का आविष्कार करता है। 'स्वयं' का आविष्कार करना ही भेद विज्ञान है। भेद विज्ञान स्वतन्त्र सत्ता को पाने का विधान है। भेद-विज्ञान, परम विज्ञान, परम वीतराग विज्ञान की प्राप्ति का अनुपम विज्ञान है। वैज्ञानिकों ने विज्ञान को भेद विज्ञान की संज्ञा दी है। वास्तव में यह विशिष्ट ज्ञान की स्फुरित-ज्योति है, जिस ज्योति में आत्म साधक, मोक्षार्थी, आत्मशक्ति को पहचान कर कर्म शत्रु से संघर्ष करना आरम्भ करता है और इसी ज्योति में सूक्ष्म दृष्टि से सम्स्त अन्तः विकृतियों का शोधन कर उसे बाहर फेंकने का पुरुषार्थ व सम्पूर्ण बुराइयों को ध्वस्त करने हेतु संयम चरित्र का वज्र प्रहार करता है। तब कहीं प्राप्त होत है–वीतराग-विज्ञान (केवल ज्ञान)। सच में भेद विज्ञान निज से मिलने की विद्या और है, सिद्धि का श्रेष्ठ मार्ग, आत्म-शक्ति का विस्फोटक-यन्त्र। बिना भेद-विज्ञान के मुक्ति कदापि सम्भव नहीं है।

अमृतचन्द्राचार्य ने 'अध्यात्म अमृतकलश' में लिखा है–

भेद विज्ञानतः सिद्धाः सिद्धा ये किल केचन।
अस्यैभावतोबद्धा बद्धा ये किल केचन ॥

आज तक जितने भी सिद्धों को (मुक्ति) प्राप्त हुई, वे सभी भेद-विज्ञान के बल पर ही हुई है एवं जितने भी कर्म से संश्लिष्ट हैं–बँधे हैं, वे सभी इसके अभाव में हैं।

अपनी भीतरी शक्तियों को पहचानना परमात्मा का सृजन है। परन्तु इसमें सफल वही होता है, जिसने स्वयं के खोजने, स्वयं को पाने, स्वयं से स्वयंभू बनने का जीवन में निश्चित लक्ष्य निर्धारित कर लिया है। हवाई किले धनाने वाला या हवा में पुल बाँधने वाला 'The Maker of Castle in the air' आत्म-शक्ति की पहचान नहीं कर सकता। क्योंकि ऐसा व्यक्ति कल्पनाओं में ही उड़ान भरता रहता है, किन्तु किसी भी योजना को सकारात्मक रूप नहीं दे पाता। कल्पनाओं की उड़ान से मुक्ति-लक्ष्य प्राप्त करना कहाँ सम्भव है? वहाँ तो चारित्रात्मक गति चाहिए। यह सत्य है कि व्यक्ति जब अन्तमुखी दृष्टि करता है, तब ही स्वयं की महाशक्ति से परिचय लेता है।

एक बहुत पुरानी काल्पनिक कहावत है कि परमात्मा ने जब मनुष्य की रचना करके उसे जीवन यात्रा पर जाने का आदेश दिया है तब देवदूत आकर मनुष्य को सान्त्वना देने लगा, सन्तोष प्रदान करने लगा। लेकिन परमात्मा ने देवदूत को ऐसा करने से रोक दिया और बताया कि यदि मनुष्य को सन्तोष प्रदान कर दिया तो उसके जीवन में पग-पग पर मिलने वाला उल्लास समाप्त हो जायेगा। यह सत्य है कि मनुष्य जब आत्म-निरीक्षण करता है, तब ही अपने को पहचान पाता है और जब वह पहचान लेता है, तब उसमें दैवीशक्ति उत्पन्न हो जाती है। दैवीशक्ति से तात्पर्य आत्मबल से है। आत्मशक्ति उत्पन्न होते ही उसमें वे गुण जाग्रत हो उठते हैं जो न जाने कब से सोये पड़े थे।

'न्यूयॉर्क' विद्यालय की प्रिंसिपल ने अपने जीवन के अनुभव में लिखा है–"जब मुझे ऐसा लगा कि इस दुनिया में मुझे कोई महत्त्वपूर्ण कार्य करना है, तब मुझे अहसास हुआ कि मेरे भीतर भी एक 'मैं' है जो काफ़ी शक्तिशाली है। बस उस दिन से यह विद्यालय ही क्या यह सारी धरती ही मेरे लिए कर्मक्षेत्र बन गयी।"

सच भी है कि कर्मभूमि को कर्मक्षेत्र की कहा गया है क्योंकि इस क्षेत्र में आकर व्यक्ति जधन्य से जधन्यतम पाप-अपराध भी कर सकता है और यदि चाहे तो सम्यक् प्रबल पुरुषार्थ के बल एवं आचरण से उच्चतम महत्तीय कार्य भी। यदि पातकी भी बन सकता है तो त्रिलोक चूड़ामणि भी।

जितने भी महापुरुष हुए एवं मुक्तिश्री के स्वामी बने, वे इसी कर्म क्षेत्र में ही निर्ग्रन्मता (श्रामण्यता) को अंगीकार कर रत्नत्रय के तेज से कर्म शत्रुओं को नष्ट करके ही कर्मक्षेत्र में जयशील हुए हैं। इन्होंने ही आत्म-स्वरूप को पहचाना।

आत्म-शक्ति को पहचान कर कोई भी जीवन के क्षेत्र में महत्त्वपूर्ण व्यक्ति बन सकता है। स्वयं को पहचानने का चमत्कार ऐसा ही होता है। आत्म स्वरूप के दिग्दर्शन से ही आत्महित का मार्ग प्रशस्त होता है। आगमिक व आध्यात्मिक दृष्टि से परम् साधक निर्विकल्प शुद्धोपयोगी श्रमण से ही यह सब सम्भव है। पर इस दशा को वही तो पाता है, जो आत्म-विश्वास के साथ लक्ष्य लेकर श्रमण्यता की ओर अग्रसर है।

आत्म-परिचय पाकर ही कोई व्यक्ति आत्म-विकास कर सकता है, लेकिन सरल नहीं अपने आपको पहचानना। यह बड़ा ही कठिन कार्य है। वे ही परिचित होते हैं, स्वयं से जिसे कि सत्य की प्यास है, और भौतिकता के दास नहीं है।

एक राजा हमेशा ही अत्यन्त परेशान रहता था। यद्यपि उसके पास धन, वैभव ऐश्वर्य सभी कुछ था लेकिन वह परेशान था। मन्त्री ने राजा से उसकी परेशानी का कारण पूछा। राजा ने कहा, "कारण तो मुझे स्वयं भी नहीं पता। परन्तु आजकल मेरा मन उदास रहता है।" मन्त्री ने सलाह दी, "नगर में एक सन्त आये हैं। उनकी शरण में जाने से सुख मिल सकता है।" राजा मन्त्री के कथनानुसार अपने मन की बात लेकर साधु के पास जाता है और कहता है, "महाराज, मैं सुख चाहता हूँ, आनन्द चाहता हूँ।" महात्मा ने कहा, "परमात्मा ही आनन्द दे सकता है, परमात्मा से मिलो।" हाँ, मैं इतना ज़रूर कर सकता हूँ कि तुम मुझे अपना स्थायी पता दे दो, मैं तुम्हारी चिट्ठी परमात्मा के पास पहुँचा दूँगा।

राजा अपना फोटो व राज्य का सही-सही पता महात्मा को देता है। महात्मा कहते हैं, "मुझे तुम्हारा स्थायी पता चाहिए, यह नहीं, क्योंकि यह तो अस्थायी है। परमात्मा से मिलने वालों की भीड़ बहुत ज़्यादा रहती है, मुश्किल से नम्बर आता है, तुम्हारा नम्बर आने में हो सकता है दस साल, बीस साल, सौ साल या फिर हो सकता है हज़ार साल भी लग जायें और तब हो सकता है तुम्हारी जगह तुम्हारे नाम का कोई दूसरा व्यक्ति पैदा हो जाये, तुम्हारे जाने के बाद कोई दूसरा

इस महल में रहने के लिए आ जाये। राजन्, तुमने तो यह शरीर का पता दिया है, यह तो लोकल है, सांसारिक है। मैं तुमसे स्थायी पते की बात कर रहा हूँ।" तो राजा चक्कर में पड़ गया। सोचा, "बात बहुत गहरी है। स्थायी पता माँग रहे हैं।" राजा सोचता है, "आखिर मेरा गन्तव्य क्या है? मेरा निवास स्थान कहाँ है?" साधु ने कहा, "जिसकी चाह तुम्हें है, मैं भी उसी की खोज में निकला हूँ। तुम जो समझ रहे हो वह तुम्हारा नाम नहीं हैं, वह तो सिर्फ़ नामकरण ऊपर से दिया गया है। उस नाम से आवाज़ आते ही तुम्हारी चेतना जाग जाती है, मन मचल उठता है, शरीर का रोम-रोम रोमांचित हो उठता है। नेत्र दृढ़ संकल्प कर लेता है कि यह रूप अच्छा है। अतः उसकी ओर आकृष्ट हो उसे पाने के लिए उस ओर चल पड़ता है। इसके बाद कर्ण (कान) का नम्बर आता है। हमें मधुर आवाज़ सुनाई पड़ती है, संगीत की लय सुनाई पड़ती है एवं प्रियतम की आवाज़ किसी कोने से आती हुई कानों को स्पर्श करती है। कान सदैव मधुर आवाज़ एवं कर्ण प्रिय संगीत सुनने के लिए लालायित रहते हैं।

तीसर नम्बर घ्राण इन्द्रिय का है। घ्राण इन्द्रिय को सुगन्ध चाहिए, दुर्गन्ध नहीं। कितना विरोधाभास है कि अन्दर तो दुर्गन्ध ही दुर्गन्ध है, किन्तु नासापुटों को तो प्रिय लगने वाली सुगन्ध चाहिए। और यह इन्द्रिय उस ओर आकृष्ट हो जाती है, जहाँ से सुगन्ध आ रही है।

चौथे नम्बर पर रसना इन्द्रिय की बारी है। पेट तो मात्र इतना कहता है, "भूख लगी है।" लेकिन रसना इन्द्रिय कहती है, "स्वादिष्ट, मीठा, ताज़ा भोजन चाहिए, नये-नये पकवान मँगाओ।" यदि कड़वा या कषैला भोजना आता है, तो यही रसना इन्द्रिय मुँह मोड़ लेती है।

पाँचवा नम्बर स्पर्शन इन्द्रिय का है। स्पर्शन इन्द्रिय कहती है, "हमें मृदु का स्पर्श कराओ, भौतिक विलासिता की सभी वस्तुओं को मँगाओ क्योंकि मैं आरामदायक जीवन पसन्द करती हूँ।" इस तरह पाँचों इन्द्रियों की अपनी अलग-अलग माँगें हैं। वे आपसे माँग करती हैं। आत्मा एक, पाँच की माँग कैसे पूरी करे? जिस व्यक्ति की दो पत्नियाँ हों तो इसके बाजे बज जाते हैं, यहाँ एक आत्मा की पाँच पत्नियाँ हैं। एक, दो, तीन नहीं पूरी पाँच। बेचारी आत्म लुट रही है।

पाँचों के बीच फँसी है। इसलिए वह अपने स्वरूप को नहीं पहचान रही। बस इन्द्रियों की गुलाम बनी हुई है। गाड़ी एक है दिशाएँ पाँच हैं। हम पाँचों दिशाओं में भाग रहे हैं। ऐसी विषम परिस्थिति में कैसे सत्य से, आत्म तत्त्व से सम्बन्ध स्थापित होगा? कैसे आत्म शक्ति का शक्ति पुँज आलोकित होगा?

जब यह मानव पाँचों इन्द्रियों के विषयों से हटेगा, हिंसा से बचेगा, अहिंसा का समर्थन करेगा, वहीं भगवान महावीर के उपदेशों को आत्मगत कर लेगा, तब यह जीव उस परमात्म तत्त्व को प्राप्त करने में सफल हो जायेगा।

उठो, पंचेन्द्रिय विषयों के दास मत बनो, तोड़ डालो, गुलामियत जी जंजीरें।

गुलामी के बीच में जन्म लेना दुर्भाग्य नहीं, अपितु गुलामी की जंजीरों को नहीं तोड़ना दुर्भाग्य है।

त्वं शंकरोऽसि भुवनत्रय शंकरत्वात्।

भारतीय भूमि का प्रत्येक कंकड़ शंकर है। लेकिन यह अद्भुत बात है कि शंकर होकर भी शंकर का अनुभव नहीं कर पा रहा है। जिस परम सत्ता के परमात्मा के आप धारी हैं, शक्ति रूप से उस परमात्मा का अनुभव नहीं हो पा रहा है। कारण है, विषयों के प्रति आसक्ति भाव। इसी आसक्ति के कारण उस परम-तत्त्व का अनुभव नहीं हो पा रहा है, क्योंकि आप अपने निज-स्वभाव से विस्मृत हो गये हैं। विषयों का सेवन ही मानव का उद्देश्य रह गया है। कैसी है यह दासता? कैसी है यह गुलामी? हमारा जन्म दासता के बीच हुआ है, विरासत में हमें गुलामी मिली। लेकिन दुर्भाग्य गुलाम पैदा होने में नहीं है, बल्कि दुर्भाग्य यह है कि हम उस गुलामी की ज़ंजीरों की दासता से मुक्त नहीं हो पाते और विदाई का समय आ जाता है। इस तरह साधारण मनुष्य अपना अनमोल जीवन यूँ ही व्यर्थ गँवा देता है। किन्तु वीर-विवेकी, पुरुषार्थ शील, संघर्षवान, उद्यमी पुरुष तो ज़ंजीरों को तोड़ता है। महानता का वरण कर महिमावन्त की परिपाटी में नाम लिखवाता है।

हे मानव, उठो! देखो! स्वयं के वैभव की ओर। तू किधर भागा जा रहा है? जाग और चल उस पथ की ओर जिस पर वीर साधक चले। यदि हम जिज्ञासा को जन्म देंगे तो हमारे भाव आन्दोलित होंगे, जिसका परिणाम होगा—महाशक्ति का जन्म एवं समाज को वीर पुरुष की अद्वितीय उपलब्धि।

आत्म शक्ति को जानने की जिज्ञासा जीवन में स्फूर्ति उत्पन्न करती है और यही स्फूर्ति शोधपूर्ण जीवन को गति प्रदान करेगी। यह गति प्रगति की सूचक है जो आत्म परिचय प्राप्ति में सशक्त सम्बल बनेगी। क्योंकि जटिल से जटिलतम कार्य है स्वयं को पहचानना।

एक बार स्वयं को प्रत्यावर्तन हेतु प्रस्तुत किया जाय, तो परिणति स्वयं देखने को मिलती है। समुद्र खौलाया जाने लगा तो डरी-सहमी जल की बूँदें, विधाता के पास जाकर कहने लगीं, "पितामह! हमें कष्ट क्यों देते हो, हमने तुम्हारा क्या बिगाड़ा है?" विधाता ने बहुतेरा समझाया, "बूँदो! तुम आकाश में उड़ोगी, जहाँ बरसोगी, वहीं हरियाली फूटेगी और संसार को प्रसन्नता मिलेगी।" पर यह उपदेश बूँदों को न भाया। वे लौटीं तो, विधाता को गालियाँ ही देती रहीं।

समुद्र ने जल की बूँदों को आकाश में फेंक दिया, फिर वे धरती पर गिरीं और बहते-बहते फिर समुद्र में जा पहुँचीं। तब उन्हें पता चला कि हम तो व्यर्थ ही डरते रहे, हमारा तो कुछ भी नहीं बिगड़ा। इतने सुन्दर दृश्य देखने और विश्व-भ्रमण का सौभाग्य मिला सो अलग।

उधर स्वातिनक्षत्र आ गया, तो बूँदें एक बार फिर उमड़ीं। इस बार उनमें न भय था, न उद्वेग। हँसती-खिलखिलाती बूँदें आकाश से झरने लगीं। कोई बाँस में गिरी तो वंशलोचन बन गयी, कोई कदली में गिरी तो कपूर और कोई सीपी के मुख में गिरी तो मोती बन गयी।

बूँदें अपने सौभाग्य पर प्रसन्न हो रही थीं तब विधाता विचार कर रहे थे कि मनुष्य भी संकट और साधनाओं में विचलित न होता तो आज वह भी बूँदों के समान वंशलोचन, कपूर और मोती बन गया होता।

प्रोफ़ेसर विलियम जेम्स का कहना है, "प्रत्येक व्यक्ति के भीतर एक ऐसी अद्‌भुत शक्ति छिपी होती है जिसे न कोई देख सकता है और न ही जिसकी कल्पना की जा सकती है। यदि कोई ऐसी तकनीक विकसित हो जाये जो मनुष्य की आन्तरिक शक्तियों की तस्वीर खीच सके, तो मनुष्य अपनी शक्तियों को देखकर ही चकित रह जायेगा।" इससे यह प्रतीत होता है कि प्रो. जेम्स जैन दर्शन से अवश्य ही प्रभावित हुए होंगे। क्योंकि वे जैन दर्शन की ही बात को कह रहे हैं।

इसी बात को कई वर्ष पूर्व हमारे तीर्थेश भगवन्तों ने कहा और दिगम्बर सन्त आज (सम्प्रति में) कह रहे हैं, "हे मानव! You are God. तू ही परमात्मा है। तात्पर्य–तू परमात्म-शक्ति से युक्त है, उसे जगा। जैसे पाषाण के अन्दर प्रतिमा छिपी है, दुग्ध में घृत समाया है, काठ में अग्नि, तिल में तेल छिपा है; वैसे ही इस देह के अन्दर देही (परमात्मा)। शरीर के अन्तस्थ में शिव निहित है। जो इसको जानता है, वही विज्ञ पण्डित, मनीषी है।

पाषाणेषु यथा हेमः, दुग्ध मध्ये यथा घृतम्।
तिलमध्ये यथा तैल, देह मध्ये यथा शिवः ॥
काष्ठमध्ये यथा वह्निः शक्ति रूपेण तिष्ठति।
अयामात्मा शरीरेषु, यो जानाति स पण्डितः ॥

पर इस शक्ति की अभिव्यक्ति तभी सम्भव है जब श्रमण जीवन युक्त संयम से आप्लावित सम्यक् तपाग्नि प्रज्वलित हो। इस तपाग्नि ध्यानाग्नि से ही ऊर्जा का विस्फोट सम्भव है और इसी विस्फोट में परमात्मा प्रकट होता है। यही तो जैन दर्शन की अनोखी अनूठी प्रक्रिया है जो मानव को भगवान बनाती है।

शक्ति को प्रकट करने के पूर्व सूक्ष्म दृष्टि अत्यन्त ज़रूरी है। सूक्ष्म दृष्टि से तात्पर्य है समीचीन आस्था पूरित दृष्टि। इस दृष्टि का लक्ष्य सीप नहीं मोती होता है, दीप नहीं ज्योति होता है, देह नहीं देही होता है।

प्रायः जब व्यक्ति कार्य को पूरा कर लेता है, तो यह सोचकर चौंक जाता है कि क्या यह उसने ही किया? लेकिन इसमें आश्चर्य की कोई बात नहीं, क्योंकि संसार का कोई भी कार्य चाहे वह कितना ही बड़ा क्यों न हो, मनुष्य ने ही किया है।

ज़रा कल्पना कीजिए कि एक नन्हे से बीज में विशाल वटवृक्ष को जन्म देने की शक्ति रहती है तो मनुष्य के मन में उपजे विचारों में शक्ति को मापना मुश्किल है। आज आप जितनी शक्ति से कोई भी कार्य कर रहे हैं, उससे करोड़ों गुनी अधिक शक्ति आपके भीतर छिपी पड़ी है। तभी तो कहा गया है कि भविष्य की अपेक्षा वह कार्य आज ज़्यादा महत्त्वपूर्ण है जो आपका जीवन-उद्देश्य है, जिसकी ओर आप आकर्षित हैं। भौतिकता नहीं परमार्थ, ऊँचा उठने की इच्छाएँ

अपनी आत्मा की शक्तियों की पहचान, उसके स्वरूप की पहचान, दृढ़ इच्छाशक्ति व एकाग्रता इन सबको विकसित कीजिए और सच मानिए कि ऐसा कर आप परमात्मा बनने की प्रायोगिक शिक्षा तैयार कर रहे हैं। कोई भी कार्य विशिष्ट व महापुरुषों के लिए निश्चित नहीं है। आपके अन्दर भी अनन्त शक्तियों का अपार सागर लहरा रहा है। आपको तो केवल अपने कार्य का सम्बन्ध अपनी आन्तरिक शक्तियों के अजस्र स्रोत से जोड़ देना है। फिर चाहे कार्य कितना भी बड़ा क्यों न हो, कार्य होकर ही रहेगा। शायद आप यह सोच रहे होंगे कि बड़े-बड़े कार्य, बड़े-बड़े व्यक्ति ही कर सकते हैं, पर वास्तव में ऐसा है नहीं। वास्तविकता यह है कि अपनी शक्तियों को पहचान कर ही वे बड़े कार्य का बीड़ा उठाते हैं। बड़े कार्य का प्रयोजन यहाँ महान कार्य से है और महान का अर्थ-महाव्रत है। महान, महात्मा व महापुरुष वही तो कहलाता है जो महाव्रत का शृंगार कर साधन करता है। सच मानिए आपके भीतर भी ऐसी शक्तियाँ मौजूद हैं जिनसे आप भी संसार में बड़े-बड़े कार्य कर महान व्यक्ति बन सकते हैं।

विनाशक, क्षणभंगुर सहारों पर जीना मानवता नहीं बल्कि मानवता पर कलंक है। कूप मण्डूकता छोड़ो और स्वयं में दृष्टि फैलाओ तो मालूम चलेगा कि मैं अभी तक महाभूल में था।

कोलम्बस जब अमेरिका पहुँचा, तभी वहाँ के निवासियों को यह पता चला कि यूरोप में अन्य देश भी हैं। पर इससे यह सिद्ध नहीं होता कि कोलम्बस के पहुँचने के पहले यूरोप में अन्य देश थे ही नहीं। इस संसार के कुछ ही व्यक्ति अपने जीवन में आत्मपरिचय प्राप्त कर पाते हैं। अधिकांश व्यक्ति तो अपने कार्यों को, लक्ष्य को, मानव जीवन की सार्वभौम सार्थकता को पूरा किये बिना ही इस संसार से कूच कर जाते हैं। अत्यधिक बलशाली व्यक्ति को भी अपनी शक्ति का पता नहीं होता।

आपने कई बार देखा होगा कि अनेक लोग सफलता प्राप्त न कर पाने पर प्रायः कहा करते हैं कि यदि मुझमें बाहुबली राम, हनुमान, तीर्थेश महावीर जैसी लौकिक शक्ति, लिंकन और रूजवेल्ट जैसी इच्छा-शक्ति होती तो मैं भी सफल हो जाता। लेकिन ऐसा सोचना, कहना वास्तविकता से कोसों दूर की बात है। सही बात तो यह है कि यदि व्यक्ति अपनी शक्तियों को पहचान ले तो लिंकन

या रूजवेल्ट से भी कहीं आगे बढ़ सकता है। आपकी शक्तियाँ असीम हैं, लेकिन जब तक आपको उनका ज्ञान नहीं, जब तक आपने उनसे परिचय प्राप्त नहीं किया, उन्हें जगाया नहीं, किसी काम नहीं लगाया, उनकी परीक्षा नहीं ली, तब तक यह कैसे कह सकते हैं कि आपमें शक्तियाँ नहीं हैं? अपनी शक्तियों का निरीक्षण, परीक्षण कीजिए, उनसे काम लीजिए। फिर देखिए आपको सफलता कैसे प्राप्त नहीं होती।

अनेक व्यक्ति दूसरों की शक्ति, दूसरों की सफलता या दूसरों की महत्ता को देखकर ईर्ष्या-द्वेष से भर जाते हैं। लेकिन अपनी शक्तियों को नहीं पहचानते। जबकि हमें दूसरों की सफलता से ईर्ष्या नहीं वरन् उसकी सराहना करनी चाहिए और स्वयं की सफलता प्राप्ति के लिए एकाग्रचित्त होकर अपने उद्देश्य को प्राप्त कर सफल होना चाहिए।

चाणक्य नीति में कहा गया है, "न दैव प्रमाण न कार्य सिद्धिः।"

अर्थात् जिन्हें कार्य आरम्भ होने से पहले ही कार्य में असफल रहने का निश्चय होता है, उनके कार्य कभी पूर्ण नहीं होते जो यह समझते हैं कि वे असफल हो जायेंगे; वे इस डर से कार्य प्रारम्भ ही नहीं करते।

उक्त कथन उन लोगों पर अवश्य ही लागू होता है, जो आशंकाओं से घिरे रहते हैं, जिन्हें सन्देह का कीड़ा लग जाता है, जिनके जीवन रूपी आँगन में सन्देह के कौए काँव-काँव करने लगते हैं। क्योंकि उन्हें अपनी शक्ति का बोध ही नहीं होता।

एक बार एक शराबी व्यक्ति को ड्यूक के पास लाया गया। ड्यूक के आदेशानुसार उसे नहलाकर, सुन्दर वस्त्र पहनाकर ड्यूक के ही बिस्तर पर सुला दिया गया। जब उसकी तन्द्रा भंग हुई तो सभी कर्मचारी उसके साथ ड्यूक जैसा व्यवहार करने लगे मानो वह ड्यूक हो। इसका परिणाम यह निकला कि वह शराबी व्यक्ति भी अपने आपको ड्यूक समझने लगा और ड्यूक की भाँति व्यवहार भी करने लगा। इस उदाहरण से यह सिद्ध होता है कि मनुष्य अपने गौरवपूर्ण एवं शानदार स्वरूप को भुलाकर शराबी की भाँति अपना अमूल्य जीवन बर्बाद कर रहा है।

ऐसे व्यक्तियों से पूछने पर प्रायः यही उत्तर सुनने को मिलता है कि बस दिन काट रहे है। और प्रायः वे ठीक ही कहते हैं कि वे केवल जीवन ही तो काट रहे होते हैं, बचे हुए जीवन को। शेष-भाग में तो वे कुछ निर्माण नहीं कर रहे, कुछ बो नहीं रहे। किन्तु ध्यान रखें जीवन समय काटने के लिए नहीं, पाप काटने के लिए मिला है। पाप बीज बोने के लिए नहीं, पाप मल धोने के लिए और कुछ होने के लिए मिला है। सोने-सोने व व्यर्थ में खोने के लिए नहीं, मुक्ति बीज बोने, सिद्ध होने के लिए मिला है। हे मानव! समय का सदुपयोग करने वाला ही समय (आत्मा) को पाता है। समय को समझकर समय की कीमत करने वाला ही समतावान (सामयिक) होकर समयसारिणी युत होता है। ऐसा विवेकी पुरुष जीवन की सच्चाई, सत्य को उपलब्ध होता है।

Life is like a Dream (जीवन स्वप्नवत् है)

मानव मुट्ठी से दूर है, जो वही समय कहलाता है।
गति-नियति पल-पल में घटती, समय हमें सिखलाता है ॥
शूर-वीर होते हैं, जो समय उन्हें पथ दिखलाता है।
पग-पग देता साथ उन्हीं का, न्योछावर हो जाता है ॥

वसुन्धरा के इतिहास पटल पर अब तक जितनी भी घटनाएँ घटीं, समय ने उस हर पल को देखा है। देखा ही नहीं वह सभी का साक्षी भी है। समय सूत्रधार है, हर युग का हर मनुष्य का।

समय ने महाभारत देखा है, देखा ही नहीं उसे रचा है। समय ने महावीर, बुद्ध और राम के आचरण एवं आदर्शों को देखा है, तो वहीं दूसरी ओर कृष्ण की रासलीलाओं का रसास्वादन किया है। चाणक्य की कूटनीति और सिकन्दर की विश्व-विजय देखी है, हिटलर की हिंसा तो ट्रमेन के हाथों नागासाकी और हिरोशिमा के लिए विध्वंस का भी समय साक्षी रहा है। समय हर घटना-दुर्घटना का साक्षी रहा है। सृष्टि का सर्जक और संहारक रहा है।

समय ही गति, समय ही नियति, समय ही निर्माता और समय ही विध्वंसक है। ब्रह्मा, विष्णु, महेश, जनक पालक और प्रलयंकर उत्पाद ध्रव्य व्यय तीनों ही समय की ही अभिव्यक्तियाँ हैं।

समय ने केवल वर्तमान युग की घिनौनी राजनीति ही नहीं देखी वरन् महाभारत की छल, प्रपंच भरी राजनीति भी खेली है। उसने हिरोशिमा, नागासाकी का विध्वंस ही नहीं देखा, द्वारका और कलिंग को भी खत्म होते देखा है। विदुर और शकुनी का जीवन चरित्र भी एक साथ देखा है। समय तब भी था, अब भी है। समय और सृष्टि का चिर बन्धन है, परिवर्तनशील होते हुए भी यह शाश्वत है।

शिव का तीसरा नेत्र और कुछ नहीं समय ही है। जिसे लोग शिव का तीसरा नेत्र कहते हैं, वह तो आगम ही है। क्योंकि आगम ही सर्व स्वरूप का दर्शन कराता है। आँख है। इसलिए तो कहा गया है—

आगम तीजो नेत्र बखानो।

समय आँख है। समय का अर्थ आगम भी है और आत्मा भी। आत्मा से परमात्मा का मार्ग समय से ही है, क्योंकि समय का एक अर्थ काल और रत्नत्रय भी है। रत्नत्रययुक्त आत्मा, यदि आगम का शृंगार कर समय से चले तो समयसार प्राप्त कर ले। परमात्म पद पा ले। समय ही त्रिनेत्री बनाता है। अरिहन्त त्रिनेत्री होते हैं। वस्तुतः केवल ज्ञान एवं केवल दर्शन को ही तीजानेत्र कहा जाता है। समय ही शिवयात्रा और समय ही शवयात्रा कराता है। धरा का बीज भी समय है, ब्रह्माण्ड का आधार भी समय है, समय ही जीवन है। जितना जीवन उतना समय, न एक पल कम, न एक पल ज़्यादा। समय ही मनुष्य के लिए जन्म का कारण बनता है और समय ही जीवन बन जाता है। समय ही मृत्यु बन जाता है। यदि व्यक्ति का समय चूक गया तो बाती बुझ गयी। तात्पर्य—जीवन ही समाप्त हो गया। सुख-दुख, लाभ-हानि, जन्म-मृत्यु, मान-अपमान, रोग-भोग, शत्रु-मित्र, माँ-पत्नी सब समय-समय का खेल है।

सबका समय एक जैसा हो ऐसा भी नहीं है। समय कब, कौन-सा रूप लेकर सामने आ जाये, कहा नहीं जा सकता। सबको समझना तो आसान है, परन्तु समय को जितना समझने का प्रयास करेंगे समय का दर्शन उतना ही गहराता चला जायेगा।

सभी कुछ समय का खेल है, वक़्त की बात है। पहिये का छोर अभी ऊपर है, परन्तु पता नहीं चलता वह कब नीचे आ जाता है। कभी नीचे का छोर ऊपर चला जाता है। समय अनुकूल है, तो गरीब से अमीर बनने में देर नहीं लगती और यदि समय रूठ जाये तो महल-मेहराब कब धराशायी हो जाये, कुछ कहा ही नहीं जा सकता।

समय किसी का इन्तज़ार नहीं करता। हम उसके अधीन हैं। लेकिन इसके बावजूद हम समय का महत्त्व नहीं समझते। यह हर पल हमें नयी सीख देकर जाता है। बिरले ही लोग होते हैं, जो इसकी चेतना को समझते हैं, उसका उपयोग करते हैं, जीवन के राज को समझते हैं। समय की महत्ता को यदि आप समझेंगे तो प्रतिकूल समय भी आपका होगा। नहीं तो अनुकूल समय भी आपके हाथ से निकल जायेगा और बर्बादी का कारण बनेगा। समय की समझ, समय का बोध, समय की चेतना तो प्रत्येक मानव को होनी चाहिए।

यदि हम वास्तव में समय की आत्मा को छूना चाहते हैं, तो सर्वप्रथम यह समझ लें कि समय आखिर है क्या? समय का कोई आकार नहीं है। वह अदृश्य है। समय को छुआ नहीं जा सकता, वह अस्पृश्य है। उसकी कोई मूर्ति नहीं है। जो हमें दिखाई दे। उसका कोई मन्दिर भी नहीं है जहाँ हम पूजा कर सकें। समय कोई रोटी या मिठाई नहीं कि जिसका स्वाद लिया जा सके या जिससे तृप्ति मिले। उसे न देखा जा सकता है, न ही छुआ जा सकता है, न चखा जा सकता है, और विचित्रता यह है कि जन्म से मृत्यु तक आदमी को घेरे रहता है। जन्म, जरा, रोग, शोक अर्थात् जीवन के प्रत्येक घटनाक्रम में समय का साक्षी भाव रहता है।

आचार्य 'कुन्दकुन्द' ने 'समयपाहुड़' ग्रन्थ लिखा समयसार होने के लिए। उनकी दृष्टि में समय का अर्थ है 'आत्मा'। समय का अर्थ है 'सिद्धान्त'। समय में टिक जाने का नाम सामयिक है। जो व्यक्ति समय से सामयिक हो गया, वह व्यक्ति सामयिक को उपलब्ध हो गया। क्योंकि समय ही व्यक्ति के लिए आत्मा है, सिद्धान्त है।

पक्षपातों से मुक्त होने का नाम ही उपलब्ध होना है। नाम पक्ष से रहति होना ही समयसार है। समयपाहुड़ में स्पष्ट लिखा है, "णय पक्खातिक्कन्तो भण्णदि जो सो समयसारो।" गाथा (153)। अगर आचार्य कुन्दकुन्द की दृष्टि से देखें तो उन्होंने जो अध्यात्म दिया है वह बेजोड़ है। धरती पर ऐसा रत्न कोई बिरला ही दे पाया है। जिसमें समय का सार है, वही अध्यात्म है। जिस व्यक्ति ने समय के सार को उपलब्ध कर लिया, समझो वह समाधि को उपलब्ध हो गया। समय के रहते हुए समय से सचेत होकर स्वयं में पहुँच जाना ही, परम समाधिस्त हो जाना ही आत्मस्थ हो जाना है।

व्यक्ति समय का हस्ताक्षर है। वह समय सागर की तरंग भर है। समय चाहे तो व्यक्ति को उछाल दे, वह चाहे तो भँवर बनाकर डुबो दे। समुद्र में ज्वारभाटा की भाँति मनुष्य भी उतार चढ़ाव के भँवर में घिरा रहता है। समय की महत्ता को जिसने पहचान लिया उसने अपने जीवन की समस्याओं को हल कर लिया। समस्त जीवन, जगत, समाज, जीवन के अनन्त जन्मों की यात्रा समय का खेल है।

समय से सामना करने के लिए व्यक्ति के पास दो मार्ग होते हैं। या तो वह समय से ऊपर उठ जाये या फिर समय को भूल जाये। जो व्यक्ति समय को भूलना चाहता है, वह शराब पीकर अपना गम भूलने का प्रयत्न करता है, क्योंकि वह विवेकशून्य है। समय की मार ने उसके विवेक पर पर्दा डाल दिया है। यह भूल ही जाता है कि यह क्रिया उसके जीवन में शूलों की सेज तैयार कर रही है। जो मनुष्य समय को भुलाना चाह रहा है, वह व्यक्ति वास्तव में जीवन को भुला रहा है और महाकष्टों को बुला रहा है।

दूसरा तरीका ध्यान का मार्ग है, तटस्थ का मार्ग है। वर्तमान से वर्धमान का है। श्रमण का पथ है। और ऐसा ही मार्ग चुनने वाला ज्ञानी है क्योंकि ऐसा ही पथ ज्ञानी चुनता है। समय से ऊर्ध्वारोही होकर सिद्धत्व को पाता है। ज्ञानी मृत्युंजयी होता है। पहचानों समय को, समय का हर क्षण उतना ही वेशकीमती है, जितना कि जीवन के लिए हर साँस। जिसे समय का बोध और उसकी चेतना है, वह समय का स्वयं स्वामी है। समय का पाबन्द होना स्वयं पर स्वयं का अनुशासन है। जो यह सोचते हैं कि समय तो बहुत है, वे वर्तमान की सम्भावित उपलब्धियों से वंचित रह जाते हैं। समय के प्रति सजग रहने वालों की दहलीज

पर सौभाग्य का सूर्य सदा दस्तक दिये रहता है। वे धन्य हैं, जो शुभ और सार्थक को कल पर टालने के बजाय आज और अभी में विश्वास रखते हैं।

विज्ञ वे हैं, जो समय का मूल्य पहचान कर जीवन में सम्यक्त्व संयम का शृंगार कर लेते हैं, किन्तु वे अज्ञ हैं, जो समय को व्यर्थ में काटने की कोशिश करते हैं। उन्हें समय ही काट देता है। सम्यक्दृष्टि और मिथ्यादृष्टि में इतना ही अन्तर है कि सम्यक्दृष्टि का समय आत्मचिन्तन, आत्मोत्थान में बीतता है, जबकि मिथ्यादृष्टि का परनिन्दा, ईर्ष्या, राग, द्वेष, कलह में।

भगवान् कुन्दकुन्द आचार्य श्री रयणसार जी ग्रन्थ में लिखते हैं–

सम्माइट्ठी कालम्बोल्लई वेरग्गणाणभावेण।
मिच्छाइट्ठी वांछा दुब्भावा-लस्स कलहेहिं। ।53। ।

अर्थात् सम्यक् दृष्टि जीव अपना समय वैराग्य और ज्ञानभाव में व्यतीत करता है, जबकि मिथ्यादृष्टि आकांक्षा, इच्छा, तृष्णा, वांछा, दुर्भावना, आलस्य और कलह से अपना समय व्यतीत करता है।

किसी सुभाषितकार ने भी कहा है–

काव्यशास्त्र विनोदेन कालोगच्छति धीमताम्।
व्यसेनन च मूर्खाणां निद्रा कलहेन व ॥

बुद्धिमानों का समय काव्य शास्त्र के विनोद में, श्रुत क्रीड़ा में निकलता है। किन्तु मूर्खों का समय व्यसनों, निद्रा, कलह अथवा ऐसी फिज़ूल वार्ता में, जिस वार्ता का कोई अर्थ नहीं होता है।

दो व्यक्ति इन्दौर से बॉम्बे जा रहे थे। सफ़र काफ़ी लम्बा था। दोनों ने सोचा, "सफ़र तय करना है। रकम पास में बहुत है। अगर नींद आ गयी तो चोरी होने की सम्भावना है। क्यों न कोई चर्चा प्रारम्भ करें, ताकि समय भी कट जाये।" दोनों ने आपस में वार्ता प्रारम्भ कर दी।

पहले ने पूछा, "आप कहाँ जा रहे हैं?" तो दूसरा बोला, "बॉम्बे, आप?" "मैं भी बॉम्बे जा रहा हूँ।" "बॉम्बे में आप कहा रहते हैं?" दूसरा–हम जुहू में रहते हैं। बॉम्बे में आप कहाँ रहते हैं? पहला–मैं मार्ग नं. दो में रहता हूँ।

अच्छा, आप जुहू में कहाँ रहते हैं? दूसरा—मैं मार्ग नं. दो में रहता हूँ। अच्छा तो आप मार्ग नं. दो में कहाँ रहते हैं? दूसरा—मैं मकान नं. चार में रहता हूँ और आप? अरे साहब! मैं भी मकान नं. चार में रहता हूँ, पर यह बताइए आप कौन सी मंज़िल पर रहते हैं? दूसरा—मैं 30 नं. मंज़िल पर रहता हूँ और आप कौन-सी मंज़िल पर रहते हैं? पहला—क्या बात है, मैं भी उसी मकान की 30वीं मंज़िल पर रहता हूँ। पास में बैठा तीसरा व्यक्ति उन दोनों की चर्चा सुन रहा था। दोनों की व्यर्थ चर्चा सुनकर वह आग बबूला हो गया। वह मन में विचार करता है कि कैसे मूर्ख हैं? तीसरे व्यक्ति को अब सब्र नहीं रहा, उसके धैर्य का बाँध टूट गया। पानी गले तक आ गया और गुस्से में एकदम से बोल पड़ा—

"भाई साहब! आप लोग गज़ब के मुसाफिर हैं। एक ही स्थान, एक ही मार्ग, एक ही मकान, एक ही मंज़िल, एक ही कमरे में रहते हैं, फिर भी एक दूसरे को नहीं जानते। क्या आपका दिमाग़ खराब है? अरे! जानवर भी एक साथ रहने वालों को पहचान लेते हैं। तुम दोनों तो जानवर से भी गये-बीते नज़र आ रहे हो।" तीसरे की बात सुनकर दोनों तुनककर बोले, "भाई साहब, सावधान! मूर्ख हम नहीं हैं क्योंकि दो के बीच में तीसरा बोलने वाला मूर्ख कहलाता है। रही बात हम लोगों की तो हम दोनों बाप बेटे हैं। आपस में वार्ता कर समय काट रहे हैं। मित्रों, यह उदाहरण हँसने के लिए नहीं, समझने के लिए है। उस बाप-बेटे के समान हम सभी अपना समय तो नहीं काट रहे? ऐसा तो नहीं कि हमारी समस्त क्रियाएँ, मात्र समय काटने के लिए हो रही हैं? यहाँ तक कि तीर्थयात्रा, देवदर्शन, ध्यान भी मात्र समय काटने के उद्देश्य से करते हैं, पाप काटने के उद्देश्य से नहीं। खयाल रखें, आप समय को नहीं, बल्कि समय आपको काट रहा है।

हमें अनमोल जीवन समय काटने को नहीं, कर्म काटने को मिला है। समय काटने वाला व्यक्ति अपने अन्तिम समय को मातम पूर्ण बनाता है और पाप काटने वाला व्यक्ति अपने अन्तिम समय को महत्त्वपूर्ण, महोत्सवपूर्ण बनाता है। जीवन का मूल्यांकन करने वाला व्यक्ति समय के मूल्य को समझकर समयसार (आत्मा) को पाने का प्रयास करता है क्योंकि—'Time once lost can not be acquired'.

अर्थात् गया वक़्त दुबारा नहीं आता। डाल का चूका बन्दर और अषाढ़ का चूका किसान जिस प्रकार पछताता है, उसी प्रकार समय का चूका इंसान पछताता है।

इसलिए प्रत्येक मनुष्य का कर्त्तव्य है कि वह अपने जीवन में मिले समय का सदुपयोग करे, दुरुपयोग नहीं। समय का दुरुपयोग करने वाला व्यक्ति स्वयं के परमात्मा रूपी सूर्य का दर्शन नहीं कर सकता है। सूर्योदय से दो मुहूर्त (1 मुहूर्त = 48 मिनट) पहले उठने वाला व्यक्ति देवता, एक मुहूर्त पहले उठने वाला मनुष्य ...एवं सूर्योदय के बाद उठने वाला राक्षस होता है। कहा भी गया है—सूर्योदय के बाद उठने वाले व्यक्ति विष्णु हों तो भी लक्ष्मी उनका साथ छोड़ देती है। देवता बनने का इच्छुक मनुष्य ब्रह्म मुहूर्त में उठकर स्वयं के ब्रह्म का स्मरण करता है। वह भावना भाता है कि जिस प्रकार ब्रह्म मुहूर्त में पंछी घोंसला छोड़ने को तैयार हैं, फूल खिलने को तैयार हैं, अन्धकार जाने को तैयार है, हे प्रभु! उसी प्रकार मैं भी आपको पाने को तैयार हुआ हूँ। यह रात्रि के अन्तिम पहर का अन्तिम समय घोर अन्धकार से युक्त है, पर नियमतः दिव्य प्रकाश को देने वाला है।

उसी प्रकार हे परमात्मा! मेरे नाना प्रकार के रूपों का भी अन्तिम पहर आये, ताकि मैं दिव्य परमात्मा का दर्शन कर सकूँ। देवता बनने का इच्छुक व्यक्ति परमात्मा से पदार्थ नहीं परमार्थ ही माँगता है क्योंकि परमार्थ (हृदय) की माँग धड़कन है। परमात्मा कहीं बाहर नहीं है, परमात्मा आत्मा के अन्दर ही विराजमान है! लेकिन आज तक हमने परमात्मा को बाहर ही ढूँढ़ा है, अन्दर में ढूँढ़ने का प्रयास नहीं किया। ईश्वर को प्राप्त करने, उसे प्रगट करने के लिए उस दिशा की ओर चलना होगा, जहाँ से ईश्वर प्राप्ति सम्भव है। क्योंकि मंज़िल को प्राप्त करने के लिए मार्ग को तय करना आवश्यक है। मार्ग में चलने के लिए सर्वप्रथम ब्रह्म मुहूर्त में उठें, उसके उपरान्त दोनों हथेलियों को देखें। हाथों की रेखाओं में चन्द्रमा बनाकर, अँगुलियों के चौबीस पौरों में चौबीस तीर्थंकरों को विराजमान करें और उन्हें अप्रत्यक्ष रूप से प्रणाम करें। साथ ही भावना करें कि हे परमात्मा! मैं आपकी कृपा से ही जाग्रत हुआ हूँ, मृत्यु मेरे पीछे लगी है। मृत्यु से पीछा छुड़ाने के लिए मैं सतत् आपका स्मरण करता हूँ। हे प्रभु! आपके दिव्य प्रकाश के सामने

मौत का अन्धकार कभी नहीं आ सकता है। स्वयं की हथेलियों को देखकर कहता है–हे प्रभु! मेरे इन छोटे-छोटे हाथों से किसी का अहित न हो, किसी का अपमान न हो और किसी प्रकार की हिंसा न हो। ये हाथ किसी को ऊपर उठाने के काम आयें, गिराने के नहीं। ये हाथ किसी को बचाने के काम आयें, मारने के नहीं। ये सदैव वरदान में उठे, अभिशाप में नहीं। ये हाथ सृजन के भाव से उठे, विध्वंस के भाव से नहीं।

'हे परमात्मा' मैं इन हाथों से ईमानदारीपूर्वक धनोपार्जन करूँ, बेईमानी से नहीं। मेरा ध्यान जब भी लगे जाप-जपने के लिए लगे, पाप-सन्ताप के लिए नहीं। इतनी भावना-भाकर पुनः विनयपूर्वक परमात्मा को प्रणाम करें और नौ बार णमोकार मन्त्र पढ़कर स्वयं के ब्रह्म का चिन्तन करें। आत्म-शक्ति को जगाने की अभिनव क्रान्ति करें और सम्यक् विचार को आचार रूप देकर बढ़े चलें मंगल पथ की ओर। और ऐसे व्यक्ति ही स्व को, स्व शक्ति को, जीवन-परमोपलब्धि को पा जाते हैं। शेष तो पृथ्वी पर भार बनकर काल कवलित हो जाते हैं।

एक बार जिनवाणी माँ से पूछा गया कि हे माँ! तुम्हारी गोद में कितने रत्न आये और चले गये? तब माँ ने कहाँ कि तीर्थंकर, चक्रवर्ती, नारायण-प्रतिनारायण आदि पुराण पुरुष आये, महादानी, धर्मात्मा, ज्ञानी/अज्ञानी, संयमी/असंयमी, बहादुर, कायर, पापी/पुण्यात्मा आदि अनेक जीव आये और अपना-अपना जौहर दिखाकर काल के मुँह में चले गये। फिर पूछा गया तो क्या 'हे माँ' सभी को काल ने खा लिया? नहीं। कुछ लोगों ने 'काल' को खा लिया। माँ ने जबाब दिया। तो 'माँ' वे महान आत्माएँ कौन-सी थीं जिन्होंने काल को भी परास्त कर दिया? मुझे बताइए। उनका चरित्र तो सुनाइए ताकि उनके आदर्शों पर चलकर मैं भी जन्म-मरण पर विजय प्राप्त कर सकूँ। इसीलिए जिनवाणी माँ ने मार्ग दिखाया कर्मों से मुक्ति का। कहा भी गया है–

जाने तारो शरणा लीनो, अष्ट-कर्म क्षय तीनो।

संयमी, साधक पुरुष बनकर स्वात्मोपलब्धि का मार्ग चुनो, न जियो भोगी का जीवन! आत्म प्रेरणा को जगाओ और बढ़ो आत्मोत्थान की ओर, ताकि युगों-युगों तक गौरव-गाथा फैलती रहे।

करो ऐसा काम ताकि दुनिया याद रखे।
श्रेष्ठ आदर्श पुरुषों में तेरा नाम रखे ॥
जब आये तुम जगत में जग हँसा तुम रोये।
करनी ऐसी कर चलो, तुम हँसो जग रोये ॥

यह परम सत्य है कि जीवन को जाने बिना आदर्श-पुरुष नहीं बना जा सकता और न ही जीवन की परम उपलब्धि को प्राप्त किया जा सकता है। वस्तुतः जीवन शक्तियों का महापुंज है। परन्तु मनुष्य अपनी कमजोरियों के कारण ही सत्य के तल की ओर नहीं पहुँच पाता है।

यह मानव शरीर सात-मंज़िलों का भवन है। मानव एक मंज़िल से ही परिचित है। उसी एक मंज़िल के लिए वह जीता है और मरता है। जिस मंज़िल से उसका परिचय है और जिसे वह जानता है, उस मंज़िल का जो मालिक है, उसका नाम है चेतन-मन। जो तलघर में है, अँधेरे में है उसे विज्ञान ने अवचेतन की संज्ञा दी है। 'भगवान महावीर' ने उसे भाव-मन या आत्म शक्ति माना है। इस मन से हमारा कोई परिचय नहीं है जो इस आत्म शक्ति से परिचित हो जाता है, उसे आत्म-ज्ञानी कहा जाता है।

'आत्म-ज्ञानी' से तात्पर्य है इस सात मंज़िला-भवन से पूर्णतः परिचित हो जाना। पाँच मंज़िलें तो पाँच इन्द्रियों की हैं और एक मंज़िल मन तथा एक आत्म शक्ति या आत्मा की है। यह मंज़िल का प्रथम तलघर है, जो अँधेरे में है वहीं इस भवन की नींव है। अधिकांश व्यक्ति मन के तल पर जीते हैं और मर जाते हैं। भले ही लोग उसे सच्चा जीवन कहें, किन्तु अध्यात्म तो उसे मिथ्या (झूठा) ही कहेगा।

झूठे जीवन को वही सच्चा मानते हैं जो मूर्च्छा में होते हैं। एक मूर्छित-व्यक्ति सम्यक कार्य कर ही नहीं सकता। मूर्छा का तात्पर्य यहाँ प्रमाद, बेहोशी, निद्रा पर पदार्थों के प्रति सम्मोहित अवस्था से है। प्रमाद जीवन का सबसे बड़ा पाप है। इस मूर्च्छा से दूर रहकर उसे छोड़ने के लिए 'महावीर' ने पाँच पापों का त्याग कर (हिंसा, झूठ, चोरी, कुशील और परिग्रह) अहिंसा, सत्य, आचौर्य, अकाम और अपरिग्रह के पथ पर चलने का मार्ग बताया। उनके बताये हुए इस मार्ग

पर चलकर ही चेतना रूपी मंज़िल में निवास कर सकते हैं। अभी तो तुम्हें यह भी आभास नहीं कि आत्म शक्ति रूपी मंज़िल ही शाश्वत-परम आनन्ददायिनी है। तुम अभी सोये हुए हो इसलिए शेष मंज़िलों से अपरिचित हो। इसी कारण सारा जीवन उसी भवन में आवास करते निकल जाता है, किन्तु आत्म-भवन प्राप्त नहीं हो पाता है।

जिस दिन व्यक्ति को अपनी इस मूर्च्छा का ज्ञान होगा, अपनी भूल का अनुभव होगा, उसी दिन से जीवन का बदलना शुरू हो जायेगा। जब तक सोये रहेंगे, तब तक शेष मंज़िलों का पता ही नहीं चलेगा। होश आने पर पछतावे के सिवाय हमारे पास कुछ भी नहीं रह जायेगा। होशपूर्वक जीने वाले के जीवन में पश्चात्ताप के क्षण नहीं आते।

इसलिए हे मानव! जागो! होशपूर्वक जीवन के सत्य को समझो, छोड़ो, प्रमाद, निद्रा भंग करो, क्योंकि मोह का नशा ही सबसे बड़ी निशा है, जो जीवन का सत्य सूर्य से वंचित रखती है! इस नशा रूपी निशा को नष्ट कर दो क्योंकि इसमें जीवन दिखाई नहीं पड़ता है। एक बहुरूपिया जीवन को चारों ओर से घेरे रहता है और हम हैं कि इन भाँति-भाँति रूपों में जीवन जीते रहते हैं। दूसरों की वस्तुओं को प्राप्त कर लेने में ही हम अपनी उपलब्धि और जीवन की सफलता मानते हैं। परिणाम यह होता है कि वाह्य वस्तुएँ हमारे अन्दर संगीत उत्पन्न नहीं कर पातीं और हम नर को नारायण बनाने वाले जीवन से चूक जाते हैं।

बारात की कीमत तभी तक है, जब तक फेरे नहीं पड़े। और तभी तक बारातियों का सम्मान और बारात का आनन्द है। भ्रम का जीवन तभी तक है, जब तक आत्मा से परिचय नहीं हुआ है, सम्बन्ध नहीं हुआ, निज पौरुष नहीं जागा, आत्मा की दृष्टि नहीं मुड़ी। जब आत्मा का परिचय होगा, तब झूठा संसार व्यर्थ रह जायेगा और अन्तस्थ से अनित्य की गूँज उठ जायेगी–

थमते ही सांसों के संसार बदल जायेगा,
स्व परिजन बदलेंगे परिवार बदल जायेगा।
मिचते ही आँखों के छूट जायेंगे सब अपने,
यह गाँव गली बदलेगी, घर द्वार बदल जायेगा ॥

अपने पराये बदलेंगे इतिहास बदल जायेगा,
शत्रु-मित्र बदलेंगे, तो विश्वास बदल जायेगा।
नये सम्बन्ध बनेंगे, फिर नया रूप मिलेगा,
फिर से भाषा बदलेगी और भाग्य बदल जायेगा ॥
जीवन की धारा बदलेंगे, श्रम भी बदल जायेगा,
विधि का क्रम बदलेगा, तो धर्म बदल जायेगा।
भाव-मात्र बदलेंगे तो कर्म बदल जायेगा,
व्यापार बदलेगा, तो बाजार बदल जायेगा ॥
रंग-ढंग बदलेगा, आकार बदल जायेगा,
गर पुनः जन्म गये, तो कोई पहचान नहीं पायेगा।
संयम घटते ही जीवन का, विस्तार बदल जायेगा।
पर आत्म ध्यान करते ही, तू पथ मुक्ति का पायेगा ॥

सत्य का बोध होते ही सत्य की प्यास जाग्रत हो उठती है। अभी तुम्हें झूठ का बोध नहीं हुआ है, सत्य की प्यास नहीं जागी है। तुम्हारा सत्य प्रगट होना चाहता है, सुखान्त होने की प्रतीक्षा कर रहा है। लेकिन तुम्हें असत्य की भीड़ से फुर्सत ही कहाँ? जो जीव मुक्त होकर जीना चाहता है, वही सत्य के स्वाद को चख पाता है।

सत्य विरासत में नहीं मिलता, उसका मूल्य चुकाना पड़ता है, उसके लिए साधना करनी पड़ती है। सत्य साधना से मिलता है। यदि साधना में गहराई होती है तो सत्य की सिद्धि में ऊँचाई होती है। वृक्ष की भाँति उसकी जड़ें नीचे तक जाती हैं। फल फूल ऊपर आते हैं। जड़ें जितनी अधिक गहराई में उतरेंगी वृक्ष आकाश में उतना ही ऊँचा उठने लगता है। ठीक उसी प्रकार साधक जब स्वयं की ऊँचाई की फ़िक्र छोड़कर साधना की गहराई में उतरेगा, तब ही वह सत्य की सर्वोच्चता को प्राप्त कर सकेगा। आत्म चुनरिया तो काम, क्रोध, लोभ, मोह झूठ के कीचड़ में फँसी है, इस पर कर्म का गहरा दाग लगा हुआ है। काश कि वह यह एक बार स्वयं के सामने आकर खड़ी हो जाये और जीवन की सच्चाई का यथार्थ ज्ञान कराये—

मरने के पूर्व मुझे एक अवसर दो
अब तक जीवन विषय-भोग में,
स्वयं को जाने बिना बीत गया,
अनगिनत संकल्प-विकल्पों को
पूर्ण करने में रीत गया
कभी गरीबी ने
कभी धन की अधिकता ने
मुझे रोज-रोज तोड़ा है,
सत्य से मुख मोड़ा है।
मैंने मन की बात मान
गूँगी सच्चाई से मुख मोड़ा है
मुझमें मेरा पन अब बचा नहीं
मैंने स्वयं का जीवन कभी रचा नहीं
यह यौवन वैभव-वसन लौटा दो
मुझे अपने जैसा बना दो।
मरने से पूर्व एक और जीवन का अवसर दो।
ऐसा दर्पण दो,
साहस दो जैसा भी देखूँ
वैसा ही कह पाऊँ
जीवन का इतिहास
ओस, धूल भरे अक्षरों में रचूँ नहीं,
कर्मोदय मुझे जब-जब भी ललकारे,
मेरी ओर निहारे
पीछे भागूँ नहीं

जो जैसा है, वैसा कहने का सामर्थ्य दो।

जो सत्य है, उसे जीने का सामर्थ्य दो।

जो जैसा है, वैसा जानने का सामर्थ्य दो

शुद्धम्-शिवम्-सत्यम् के चरणों में,

जाने का सामर्थ्य दो।

चरण शरण में एक अवसर दो।

तुम स्वयं शक्ति रूप परमात्मा हो।

इस शाश्वत् सत्य को जानो पहिचानों!

तुम्हारे देहालय के मन्दिर में अरिहन्त का देवालय है। इस आत्म मन्दिर रूपी देवालय को झूठ, मिथ्या, असत्य, असंयम की हीनता, कायरता की धूल ने आच्छादित कर दिया है।

जगाओ पौरुष को! तुम वीर महावीर के वंशज हो, कंसज मत बनो। हंस परमहंस बनने की साधना करो और स्व को जानो। स्व को जानने वाला ही सर्व को जान सकता है और सर्व को जानने की चिन्ता वाला स्वयं को ही खो देता है। स्वयं की देह पर ही जो रुक रहा है, वह सबकी देहों के बाहार ही रुक जायेगा! अपने में ही छिपी निकटतम चेतना जिससे अजनबी है, वह ब्रह्माण्ड में व्याप्त सर्व पदार्थों से साक्षात्कार कर भी ले तो क्या औचित्य?

केवली या केवलज्ञानी वही होता है, जो निज पौरुष को जगाकर, हौसला बुलन्द कर, संयमी बन, स्व को जानने की साधना करता है। देह पर जीने वाला ऐसा कदापि नहीं हो सकता क्योंकि उसे **आत्म-शक्ति के दर्शन कहाँ**? हे मानव! चेतो! स्वयं को जानो! छोड़ो परावलम्बन! वैसाखियों में मत उलझो! आत्म दर्शन से, अन्तः प्रेरणा से चलो, जिनेन्द्र के पथ पर बढ़ो और मानव जीवन को उच्च से उच्चतर और महान से महानतम् बनाओ।

अपने को पहचानना परमात्मा को पहचान लेना है। परमात्मा दर्शन से निज दर्शन करो। कोई भी व्यक्ति अपने पूर्वजों की दी गयी सम्पत्ति के बल पर

सम्पन्न नहीं हो सकता, लेकिन अपने अन्तःकरण में असीम ऐश्वर्य को देखकर अपनी शक्तियों से कोई भी व्यक्ति सफल हो सकता है। जब भी कोई व्यक्ति कष्टों को झेलते हुए अथवा संघर्ष से जूझता हुआ साहस के साथ आगे बढ़ता है, तो अनेक सफलताएँ अपने आप उसे मिलती जाती हैं।

आत्म निर्भरता की सहायता लेकर व्यक्ति बड़ी से बड़ी बाधाओं को भी पार कर सकता है, भयंकर कठिनाइयों को भी हँसते-हँसते सहन कर विजय प्राप्त कर लेता है। बड़े-से-बड़ा आविष्कार करने में भी सफल हो जाता है। मनुष्य के गुणों में सबसे अधिक शक्ति आत्मनिर्भरता की ही है। जो इंसान अपने सहारे जीता है, वही अपने व्यक्तित्व को प्रखर बनाता है। ओज-तेज से दमकता व्यक्ति मानवता की धरोहर है। अज्ञेय ने सही कहा है–

यह दीप अकेला

स्नेह-भरा है/

है गर्व भरा मदमाता/

पर इसको भी पंक्ति दे दो।

दीपक के अन्दर दो विशेषता है–

1. वह स्वयं को प्रकाशवान बनाता है।

2. पंक्ति के लिए समर्पित होकर दीपमाला बन जाता है।

अतः स्वयं को प्रकाशित करना ही हमारा परम व प्रथम लक्ष्य होना चाहिए।

तीन तरह के लोग

हे मित्र!

हमारा सम्पूर्ण जीवन हमारी सोच पर निर्भर (depend) है, हमारी चिन्तनधारा पर टिका है, हम कैसा सोचते हैं, या कैसा चिन्तन करते हैं, हम वस्तु एवं घटनाओं को किस दृष्टि से देखते हैं, हमारा सम्पूर्ण जीवन इसी पर अवलम्बित रहता है। घटना एक होती है लेकिन उस घटना को देखने की अलग-अलग दृष्टि से उसके नतीजे अनेक ही होते हैं। सन्त कहते हैं कि हमारे जीवन में सबसे बड़ी भूमिका हमारे अपने नज़रिये की होती है। किसी स्थल पर मन्दिर का निर्माण चल रहा था। हज़ारों की संख्या में मज़दूर काम में जुटे थे, पत्थर तराश रहे थे। इसी बीच किसी सन्त का उधर से गुजरना हुआ। सन्त ने काम करते हुए एक मज़दूर से पूछा, "भाई, क्या कर रहे हो?" उस मज़दूर ने बेरुखी से घूरते हुए सन्त को जवाब दिया, "दिखता नहीं, अन्धे हो क्या? पत्थर तोड़ रहा हूँ।" सन्त मुस्कुरा कर आगे बढ़ गये। कुछ दूरी पर दूसरा मज़दूर भी यही काम कर रहा था। वे उसके नज़दीक पहुँचे और पहुँचकर उससे भी वही प्रश्न पूछा, "भाई क्या कर रहे हो?" उसने जवाब दिया, "पेट पाल रहा हूँ।" उसके स्वरों में बेबसी और लाचारी झलक रही थी। सन्त मुस्कुराकर उठे, थोड़ा आगे बढ़े। कुछ दूरी पर एक तीसरा मज़दूर भी वही काम कर रहा था, जो पत्थर तोड़ते-तोड़ते मुँह से कुछ गीत भी गुनगुना रहा था। सन्त उसके नज़दीक पहुँचे और उससे पूछा, "भाई क्या कर रहे हो?" मज़दूर के होठों पर एक मुस्कान आयी। बोला, "मन्दिर बना रहा हूँ। भगवान यहाँ बैठेंगे।" यहाँ कार्य एक ही था परन्तु तीन प्रकार की प्रतिक्रियाएँ तीन अलग-अलग भाव-भावना

को व्यक्त कर रही थीं। मनुष्य भी तीन तरह के होते हैं। कुछ लोग ऐसे होते हैं जो सारी ज़िन्दगी केवल पत्थर तोड़ने का कार्य करते हैं। कुछ लोग हैं जो केवल पेट भरने का ही कार्य करते हैं, लेकिन वे लोग विरले होते हैं जो अपने जीवन को ही मन्दिर बना लेते हैं। जिस मनुष्य के अन्दर क्रोध भरा होगा, गुस्सा भरा होगा उसे सब क्रोध से भरे दिखाई देंगे और उसका जवाब यही होगा कि पत्थर तोड़ रहा हूँ। ऐसे लोग अपनी ज़िन्दगी को सिर्फ़ पत्थर बनाते हैं और पत्थर ही तोड़ने का काम करते हैं अर्थात् अपने जीवन में कुछ भी हासिल नहीं कर पाते। लेकिन दूसरे प्रकार के वे लोग हैं जो अपने जीवन को केवल गुजारे का साधन बनाकर चलते हैं। अपने जीवन की वास्तविकता को नहीं पहचान पाते। सुबह से शाम तक रोटी, कपड़ा और मकान की जुगाड़ में ही उनकी ज़िन्दगी बेवसी और लाचारी में बीत जाती है जैसे पशु, पक्षी खा-पीकर अपना जीवन गुजार लेते हैं, ये लोग इसी प्रकार के दृष्टिकोण से ग्रसित होते हैं। लेकिन तीसरे प्रकार के लोग बड़े विरले और विलक्षण होते हैं। ये लोग वे होते हैं जो अपने जीवन के प्रति अहोभाव से भरे होते हैं। अपने लक्ष्य के प्रति दृढ़ होते हैं। सुसंस्कारों से मण्डित और धार्मिकता से ओत-प्रोत होते हैं, जिनका चिन्तन सदैव सकारात्मक होता है वे सच में अपने जीवन को मन्दिर बना लेते हैं।

भगवान महावीर स्वामी कहते हैं, "चिन्तन को उच्च बनाइये, सोच को आदर्श बनाइये क्योंकि हमारी सोच से जीवन की समस्त गतिविधियाँ प्रभावित होती हैं। **नज़रिया अच्छा होता है तो जीवन में सारे परिणाम अच्छे होते हैं, नज़रिया खराब होता है तो जीवन के सारे परिणाम खराब होते हैं। ध्यान दीजिए, नज़रिये के अच्छे होने पर सोच अच्छी होती है। सोच के अच्छे होने पर व्यवहार अच्छा होता है और व्यवहार अच्छा होने पर जीवन सुन्दर बनता है।**"

आनन्द यात्रा

प्रिय आत्मन्

जीवन से जूझना और जीवन को जीना दोनों में बहुत अन्तर है। प्रतिक्रिया मूलक जीवन जीने का मतलब है जीवन से जूझना और सहजता से जीने का मतलब है जीवन को जीना। नदी की तेज धार बह रही थी। उस धार में दो तिनके थे।

पहला तिनका धार को रोकने का प्रयास कर रहा था, उससे जूझ रहा था। आखिर वह नदी की तेज धार से कितना जूझता। पानी की एक लहर ने उसे उठाकर दूर फेंक दिया। दूसरा तिनका अहोभाव से भरा था। उसके मन में उमंग और उल्लास था, ओज और उजास था। उसने सोचा यह नदी सागर तक की यात्रा पर निकली है, क्यों न मैं इसकी यात्रा का सहगामी बनूँ। मैं भी इसके साथ-साथ चलूँ। वह धार के साथ बहने लगा और सागर तक पहुँच गया। जीवन की भी कुछ ऐसी ही स्थिति है। कुछ लोग वे हैं जो वक़्त की धार से लड़ते हैं और कुछ वक़्त धार में बहते हैं। लड़ने वाले अपने वजूद को समाप्त कर देते हैं और बहने वाले अपने क्षुद्र अस्तित्व को विस्तृत कर लेते हैं। हमारे पास जीवन है। हमें जीवन को कैसे जीना है? जूझ करके या बह करके, सच्चे अर्थों में देखा जाये तो आज जीवन जीने वाले लोग कम हैं, जीवन से जूझने वाले ज़्यादा हैं। जीवन से जूझने वाले लोग ज़िन्दगी के नाम पर एक बोझ ढोते हैं और जीवन को जीने वाले लोग जीवन का रस लेते हैं, आनन्द लेते हैं। आप क्या चाहते हैं जीवन को एक बोझ बनकार जीना चाहते हैं या जीवन को आनन्द की यात्रा बनाना चाहते हैं? दोनों स्थिति हमारे हाथ में है, साथ में है। जीवन को बोझ की तरह ढोकर पूरा कर सकते हैं और जीवन को आनन्द यात्रा भी बना सकते हैं। यदि हमारे अन्दर जीवन जीने की कला विकसित हो गयी तो हमारी यह जीवन, जीवन नहीं आनन्द की यात्रा है और यदि हमने जीने की कला नहीं सीखी तो यह जीवन हमारे लिए केवल बोझ भार है। सन्त कहते हैं, "बोझ नहीं निर्बोझ बनो। अपनी ज़िन्दगी को Journey of Joy बनाओ और स्वयं का आनन्द लूटो। वस्तुतः स्वयं में शान्ति-आनन्द का अकूत खजाना भरा पड़ा है। उसे देखो, जानो और एंजॉय करो।"

अरे, तुमने अपने बूढ़े माँ-बाप को भाग्य भरोसे छोड़ दिया है। जरा सोचो अगर तुम्हारे जन्म लेते ही माँ-बाप ने तुम्हें भाग्य भरोसे छोड़ दिया होता तो? जब तुम खड़े नहीं हो सकते थे, उन्होंने अपनी अँगुली थमायी। आज वे उठ नहीं सकते वो तुमने उन्हें दूर छिटक दिया? मैं जानता हूँ और मानता भी हूँ कि तुम्हारे पिता का स्वभाव बहुत कठोर है, वे तुम्हारे मित्रों के सामने कुछ ऐसा बोल देते हैं

जो तुम्हें पसन्द न हो या माँ का स्वभाव इतना भारी है कि तुम नहीं चाहते कि वह तुम्हारी पत्नी को अपशब्द बोले। इसके बावजूद मैं कहना चाहूँगा कि जितने वर्ष तुम्हारे माता-पिता ने तुम्हें निभाया है कम-से-कम उतने वर्ष तुम भी अपने माता-पिता को निभा लो। हर बहू को चाहिए कि वह अपने सास-ससुर को कम-से-कम उतने वर्ष अवश्य निभा ले, जितने वर्ष का उसे पति मिला है। अगर आप किसी श्रवण कुमार की माँ बनना चाहती हैं, तो यह ज़रूरी है कि आप अपने पति को श्रवण कुमार बनने के लिए प्रेरित करती रहें।

तीनों एक समान–माता-पिता, गुरु, भगवान

मनुष्य को अपने जीवन में तीन ऋणों को अवश्य उतारना चाहिए। ये ऋण शरीर छोड़ने के उपरान्त भी उसके साथ जाते हैं। हम पर पहला ऋण है–परम पिता परमेश्वर का जिसकी परम कृपा, परम दया और परम करुणा से हमें चेतना और आत्मा मिली। दूसरा ऋण है–माता-पिता का जिनके द्वारा जन्म मिला। यह शरीर मिला। तीसरा ऋण है–गुरु का जिनकी बदौलत मनुष्य को जीवन जीने का मार्ग मिलता है और ये तीनों ऋण बहुत ही निःस्वार्थ हैं। मनुष्य जीवन के तीन तत्त्व हैं–आत्मा, शरीर और बुद्धि। आत्मा ईश्वर ने दी है, शरीर माता-पिता ने और बुद्धि गुरु प्रदान करता है। तुम्हारे शरीर में एड़ी से चोटी तक ऐसा कुछ भी नहीं है जो तुम्हें पत्नी ने दिया हो। दूसरी ओर एड़ी से चोटी तक सब कुछ तुम्हारी माँ का दिया हुआ है। हम अपने जीवन में तुलनात्मक अध्ययन करें कि हमें किसने क्या-क्या दिया है और इस ऋण से उऋण कैसे हों। जब हम अपना शरीर छोड़ें इससे पूर्व अपने जीवन में इन तीन ऋणों से मुक्त होने का प्रयास अवश्य करें।

ईश्वर की इबादत करके, माँ-बाप की सेवा करके और गुरु के दिखाये मार्ग पर चलकर इन ऋणों से मुक्त हो सकते हैं।

हे भगवान! न देना ऐसी सन्तान

एक माँ, अपने पति के गुज़र जाने के बाद, अपने पुत्र को कई मुसीबतों को झेलकर बड़ा करती है। जैसे-तैसे जीवनयापन करते हुए पुत्र को मेडिकल की शिक्षा दिलायी, उसे डॉक्टर बनाया। इस शिक्षा के लिए उसने अपने कीमती वस्त्र

और आभूषण तक बेच दिये कि बेटा बड़ा हो जायेगा, शिक्षा प्राप्त कर लेगा, तो यह सब वापस बना लिया जायेगा। बेटा डॉक्टर हो गया। डॉक्टर लड़की से ही उसका विवाह हो गया। बेटे ने माँ से कहा, "माँ गाँव में धन्धा नहीं चलता, मैं कहीं शहर चला जाता हूँ।" और बेटा-बहू दोनों बड़े शहर में अपना क्लीनिक खोलकर रहने लगे। उनका धन्धा अच्छा चलने लगा और वे एक बड़े अस्पताल के मालिक बन गये और शहर के बड़े डॉक्टरों में उनकी गिनती होने लगी। माँ गाँव में रहकर किसी तरह वक़्त काट रही थी कि एक दिन बीमार हो गयी। बीमारी इतनी बढ़ी कि बहू-बेटा और इलाज के अभाव में उसके प्राण निकल गये।

सफल परिवार, सुख का आधार

परिवार वह है जहाँ रिश्तों के कुछ अर्थ होते हैं। जहाँ आदर, सम्मान, आनन्द, प्रेम, नाराज़गी, रूठने और मनाने का महत्त्व होता है। पहले, समाज और गाँव को भी परिवार का रूप माना जाता था। आज घर वाले भी परिवार के अंग नहीं बन पा रहे हैं। छोटा परिवार, सुखी परिवार नहीं होता अपितु सफल परिवार सुखी परिवार होता है। परिवार में रिश्ते की इमारत प्रेम, त्याग, सामंजस्य, विश्वास, सौहार्द, सम्मान, समझदारी, मर्यादा और मिठासपूर्ण व्यवहार के स्तम्भों पर खड़ी रहती है।

हमारे सम्बन्धों के तीन मुख्य कारण या सेतु हैं–उपयोगिता, भावना और कर्त्तव्य। परिवार, समाज, जीवन या परस्पर सम्बन्ध जिस आधार पर टिके रहते हैं उनका पहला सेतु है उपयोगिता। व्यक्ति किसी से, किसी के निकट आता है तब वह ज़रूर सोचता है कि उसकी उपयोगिता क्या है? व्यक्ति हर उस वस्तु को सँजोकर रखना चाहता है जिसका जीवन में उपयोग हो। हर उस व्यक्ति के भी करीब जाना चाहता है जो उसके लिए लाभकारी हो। जिसका कुछ उपयोग नहीं होता व्यक्ति उसके साथ कभी जुड़ता नहीं है। पच्चीस तीस वर्ष का कमाऊ पूत ही माता-पिता को अच्छा लगता है। जरा कल्पना कीजिए कि जिस सन्तान के लिए माता-पिता प्राण न्यौछावर करने को भी तैयार रहते हैं, वही पुत्र अगर तीस-चालीस वर्ष की आयु तक भी कुछ काम-धन्धा न करे, अर्थोपार्जन के लिए परिश्रम न करे, तो वही माता-पिता के लिए भार-स्वरूप नहीं हो जाता? उपयोगिता से ही सम्बन्धों में उपादेयता आती है।

भावना में छिपा रिश्तों का प्राण

जीवन का दूसरा सेतु भावना है। जब भावनाएँ एक-दूसरे के निकट आती हैं, तब व्यक्ति का जुड़ाव होता है। जब किसी कारणवश भावनाएँ टूट जाती हैं, तब उनके सम्बन्धों में भी दूरियाँ आ जाती हैं। यह न समझें कि किसी दम्पति का जीवन इसलिए निभ रहा है कि उन्होंने अग्नि के समक्ष सात फेरे लिए हैं, ये तो उसी क्षण टूट जाते हैं जब उनके सम्बन्धों में भावनात्मक दूरियाँ स्थान बनाने लगती हैं। **पति-पत्नी के रिश्ते परस्पर विश्वास और निर्मल भावना पर आधारित होते हैं। इनमें खोट आने पर जीवन में खटास आ जाती है। कोई अपने परिवार के साथ इसलिए नहीं रह रहा/जी रहा कि ये उसके माता-पिता या उनकी सन्तान हैं, बल्कि वहाँ भावनाएँ जुड़ी रहती हैं जिनके चलते वह रह रहा है। इसी के चलते खून के रिश्ते टूट जाते हैं और इसी के चलते परस्पर सम्बन्ध प्रगाढ़ हो जाते हैं। भावनाओं की प्रगाढ़ता सभी सम्बन्धों में सबसे ऊपर होती है।**

माता-पिता : घर के विधाता

उपयोगिता और भावना के साथ तीसरा सम्बन्ध कर्त्तव्य का होता है। परिवार-पत्नी-बच्चों के साथ भावना हो सकती है, लेकिन कर्त्तव्य तो वह दायित्व है जो हमें सबके साथ निभाना होता है। उपयोगिता पुनः उपयोगिता चाहती है, अगर हम किसी से उपयोगिता के आधार पर कर्त्तव्य निभाएँ तो वही सच्चा कर्त्तव्य होता है।

पूज्य मुनि श्री विशल्यसागर जी द्वारा
रचित बहुचर्चित कृति
'मौक्तिकम्'
विद्वानों की दृष्टि में

स्वास्थ्य मन्त्री श्री बन्ना गुप्ता व प्रदेश कांग्रेस प्रवक्ता ज्योति सिंह मथारू

झारखण्ड प्रदेश कांग्रेस अध्यक्ष श्री राजेश ठाकुर

श्री एन.के. जैन (पूर्व चीफ़ जस्टिस), वर्तमान राष्ट्रीय शैक्षणिक संस्थान न्यास बोर्ड

झारखण्ड प्रदेश की केन्द्रीय शिक्षा राज्य मन्त्री
श्रीमती अन्नपूर्णा देवी (सह सांसद, कोडरमा), झुमरीतिलैया

पूर्व मुख्यमन्त्री छत्तीसगढ़ शासन एवं राष्ट्रीय उपाध्यक्ष भारतीय जनता पार्टी डॉ. रमन सिंह एवं
प्रदेश अध्यक्ष एनजीओ प्रकोष्ठ भारतीय जनता पार्टी छत्तीसगढ़

अन्तरराष्ट्रीय तीरंदाज : दीपिका कुमारी एवं अतनु दास

आचार्यश्री विरागसागर जी के चरणों में कोटि-कोटि नमन

देह निलय में गुरुवर,
देवता से हो विराजित।
मदन माया मोह मत्सर,
सब हुए तुमसे पराजित।।
शेष क्या अर्पण करूँ जब,
कर दिया जीवन समर्पित।
शरण पाके तेरी ऋषिवर,
हो गया हर रोम हर्षित।।

ध्रुवधाम की विजय-यात्रा की ओर सतत अग्रसर
वदनप्रसादं सदनं सदयं हृदयं सुधामुचो वाचः।
करणं परोपकरणं येषां न ते वन्द्या।।

* * *

जिनका बदन, आनन्द का सदन है, हृदय दया से ओत-प्रोत है

तथा इन्द्रियाँ परोपकारिणी हैं, वाणी में अमृत है,

ऐसे सन्त पुरुष किसके वन्दनीय नहीं होते?

* * *

"हमारे अन्दर स्थित भगवन्त सद्गुरुनाथ, हमारे विद्रोह से रुष्ट नहीं होते, श्रद्धा के अभाव से निराश नहीं होते और हमारी दुर्बलता से पीछे नहीं हटते। उनमें माँ का समस्त प्रेम और धैर्य होता है।"

सप्त रत्न से सुशोभित है मुनिश्री विशल्यसागर प्रणीत 'मौक्तिकम्' काव्य

तीर्थंकर भगवान महावीर स्वामी के साधना-मार्ग के पथिक एवं गणाचार्य श्रीयुत विरागसागर जी महाराज के श्रीचरणों में अपार श्रद्धा लेकर साधना में मनसा-वाचा-कर्मणारत मुनि श्री विशल्यसागर जी महाराज की दिव्य प्रतिभा से सुसज्जित काव्य संग्रह 'मौक्तिकम्' पढ़कर मुझे ऐसा लगा कि ज्ञान के सागर से विलक्षण 'सप्त रत्न' का उपहार मुझे मिल गया है।

सच कहूँ, दिव्य साधना की पावन अग्नि में तपकर कुन्दन हुए जैन मुनि श्री विशल्यसागर जी की कविताएँ सामान्य कवि-कर्म हैं ही नहीं। इन कविताओं में तो जीवन का वह अमृत मुनिश्री ने उड़ेल दिया है, जो तपश्चर्या से उन्होंने पाया है। डॉ. नीलम जैन ने इस काव्य कृति के विषय में लिखते हुए शीर्षक दिया 'अन्तर्लोक-प्रदीपिका अद्भुत कृति' और फिर लिखा है। 'प्रस्तुत कृति काव्य एवं सूत्रों के मणिकांचन योग का प्रणम्य प्रस्तुतीकरण है। उन्हें आत्मकल्याण के साथ-साथ जनकल्याण की भी आकांक्षा है।'

मुनि श्री विशल्यसागर जी महाराज के प्रस्तुत काव्य-ग्रन्थ 'मौक्तिकम्' का कविताओं में मुझे जीवन को अमृत बनाने वाले यों तो बहुसंख्यक रत्न मिले हैं, जिनमें मैंने ऐसे 'सप्त रत्न' विशेष रूप से चुने हैं, जो विश्व के कल्याण की सामर्थ्य रखते हैं। ये सप्त रत्न मेरी दृष्टि के अनुसार इस प्रकार सँजोये गये हैं–

1. दर्शन रत्न

2. भक्ति रत्न

3. कल्याण रत्न

4. नैतिकता रत्न

5. निरभिमानिता रत्न

6. विनम्रता रत्न

7. शालीनता रत्न

मुझे तो मुनि श्री विशल्यसागर जी महाराज द्वारा प्रणीत इस काव्य कृति को पढ़कर यही लगता रहा है कि हमें जीवन का तत्त्व समझाने वाले, जैनत्व के 'त्रिरत्न' की साधना में मन-प्राण से निरत रहने वाले कविश्री ने जन-कल्याण की कामना से दिव्य मौक्तिक दे दिये हैं। मैं यहाँ मुनि श्री विशल्यसागर जी महाराज द्वारा प्रदत्त, अनुपम दिव्यता से परिपूर्ण इन 'सप्त रत्नों' से आपको परिचित कराना चाहूँगा।

1. दर्शन रत्न : जैन दर्शन में आदिनाथ से लेकर भगवान महावीर तक सभी तीर्थंकरों ने आत्मकल्याण और जनकल्याण के लिए जो चिन्तन किया, वही दर्शन-चिन्तन मुनि श्री विशल्यसागर जी महाराज ने अपनी इन कविताओं में सँजोया है और कृति को 'मौक्तिकम्' नाम दिया है। कविवर की कविता 'मुक्ति-प्रदीप' ही वस्तुतः 'दर्शन रत्न' है, जिसमें वे घोषणा करते हैं–

मैं सच कहता हूँ

अर्क-सा

प्रताप है

तुझमें

पर

आतप/सन्ताप

नहीं है

समष्टि को,

दिशा-बोध

देता तू

तुझ में

ताप, पाप

नहीं है

इन्दु-सम

शीतलता है।

पर तुझ में दाग नहीं है।

जग को

मोहित/आकृष्ट

करता है

तू,

किन्तु राग

नहीं है। (पृष्ठ 17)

सच कहूँ, श्रद्धेय मुनि श्री विशल्यसागर जी महाराज की यह रचना सीढ़ी-दर-सीढ़ी हमें 'नर से नारायण' तक पहुँचने का मार्ग बताती है। 'सव्व साहूणं' से 'अरिहन्त' तक का मार्ग बताने वाली यह रचना किसी रत्न से कम हो सकती है क्या?

दिव्य 'दर्शन रत्न' का प्रमाण देती मुनिश्री की एक कविता है 'गम्भीरता', जिसमें मुनिश्री 'हे साधू!' के सम्बोधन से आरम्भ करके, स्वयं को आत्मदर्शन का जो अमृत देते हैं, वह अन्त तक पहुँच कर अनूठी दिव्यता में बदल जाता है–

पवन भी कोशिश करता है,

तेरी मर्यादा तोड़ने की

तरंगों के बहाने

पर तुझने कभी गम्भीरता नहीं छोड़ी

ऐसे ही–

सागर-सम मर्यादा वाले

होते हैं, साधु-मुनिजन।

इसीलिए

उनके दर्शन के लिए

अहर्निश खुले रहते नयन,

क्योंकि

गम्भीरता ही साधु का गहना है,

बस, आगम का यही कहना है। (पृष्ठ 21)

तत्त्वतः, यही वह जीवन-दर्शन है, जिसे 'महावीर-पथगामी' साधु अपने आत्मोत्थान और लोककल्याण के लिए, स्वयं के लिए निर्धारित करता है। मुनिश्री की कविता 'श्रद्धा का प्रवाह' और 'वह ज्योति तुम्हीं हो' जैसी कविताएँ निस्सन्देह उनके दिव्य चिन्तन से उत्पन्न 'दर्शन रत्न' ही हैं।

2. 'भक्ति रत्न' : मुनि श्री विशल्यसागर जी महाराज के काव्य संग्रह 'मौक्तिकम्' के दूसरे रत्न के रूप में मैं उन कविताओं को मानता हूँ, जिनमें भक्ति का अमृत हमें भरपूर मिलता है और हम उस भक्ति-रस में डूब जाते हैं, जो अपनी 'हे गुरुवर!' कविता में मुनिश्री ने संजोया है–

मैं तुझसे प्रीत लगा बैठा,

मैं चातक हूँ तू बादल है,

मैं लोचन हूँ तू काजल है,

मैं आँसू हूँ तू आँचल है,

मैं पपीहा हूँ तू मसीहा है,

मैं प्यासा हूँ तू अमृतजल है। (पृष्ठ 15)

हिन्दी-समीक्षा के पुरोधा आचार्य रामचन्द्र शुक्ल ने कहा है-'प्रेम और श्रद्धा के योग का नाम भक्ति है।' मुनिश्री की इस कविता में यही 'प्रेम और श्रद्धा का अनुपम योग' हम 'भक्ति रत्न' के रूप में देखते हैं, तो हमारा हृदय भी

भक्तिमय ही हो जाता है। इसी भक्ति रत्न की परिणति हम 'आशीष की चाह' की इन पंक्तियों में देखते हैं–

त्रय भक्ति रत

कोटिशः नत,

शीश यह करता

भावांजलि अर्पित।

संयम प्रखर मुक्ति शिखर की चाह

अरु, अविरल-निरन्तर

निजानुभव धारा-प्रवाह

अन्तस्थ अवगाहन हेतु,

आशीष चाहता। (पृष्ठ 14)

सच कहूँ, मैं तो मुनि श्री विशल्यसागर जी महाराज की इस अनूठी चाह को पढ़कर स्वयं ही उनके श्रीचरणों में विनत हूँ। 'अन्तस्थ अवगाहन हेतु, आशीष चाहता।' यही तो सच्चे भक्त की सर्वोपरि कामना होती है। 'प्रार्थना' कविता भी मुनिश्री की लेखनी से निःसृत ऐसा 'भक्ति रत्न' है, जो अद्वितीय है, अनुकरणीय है। 'जैनागम के राजहंस' कविता को तो मैं मुनिश्री के इस कविता संग्रह की श्रेष्ठतम भक्तिभाव पूर्ण कविता कह सकता हूँ–

हे गुरुवर! विराग पुष्प,

जब भी तुम फैलोगे

खुशबू बनकर मैं महकूँ

बस यही भावना मेरी।

चरणों की रज बनकर मैं पग-पग पर

उड़ता जाऊँ।

चरणों में अरज यही मेरी,

मैं रज चरणों की बन जाऊँ। (पृष्ठ 19)

मेरी दृष्टि में काव्य का लक्ष्य मुनि श्री विशल्यसागर जी महाराज ने ऐसी कविताओं में पा लिया है और पाठकों को उन्होंने 'भक्ति रत्न' देकर उपकृत कर दिया है।

3. 'कल्याण रत्न' : महाकवि तुलसीदास ने कहा है– "कीरति, भूति, भनिति भलि सोई। सुरसरि सम सब कई हित होई।" इस उक्ति के अनुसार काव्य का मुख्य उद्देश्य समाज का हित होना चाहिए। कविवर मुनि श्री विशल्यसागर जी महाराज के कविता संग्रह 'मौक्तिकम्' का मूल लक्ष्य इससे अलग कैसे हो सकता है? इस कृति का प्रणयन तो जनकल्याण के लिए ही हुआ है। विदुषी डॉ. नीलम जैन ने लिखा भी है–'ऐसे ये बोधगम्य सूत्र एवं कविताएँ जीवन की दशा और दिशा को सुव्यवस्थित रखने के लिए दीप भी हैं और दर्पण भी।' निस्सन्देह, मुनिश्री की रचनाओं में 'कल्याण-रत्न' की उपस्थिति जन-जन के कल्याण का मार्ग प्रशस्त करने वाली है।

मुनि श्री विशल्यसागर जी महाराज अपनी कविता 'महानता से महापुरुष' में कहते हैं–

मैं सच कहता हूँ

कि

महानता से महापुरुष होता है।

वही

समष्टि-कल्याण के बीज बोता है। (पृष्ठ 25)

अपनी एक दूसरी कविता 'वचन और प्रवचन' में तो कवि श्रेष्ठ मुनिवर ने 'साधु-जीवन' की सार्थकता को बड़ी ही खूबसूरती से व्यक्त किया है–

वचन और प्रवचन,

दोनों में बड़ा अन्तर है।

* * *

वचन पालना

आचारणशील चर्या में ही,

सम्भव हो सकता है।

तभी तो

साधुओं की चर्या में

एक 'वचन-गुप्ति' का विधान है।

सारांश यह है

कि

प्रवचन देते तो बहुतेरे हैं,

वचन पालने वाले कोई विरले हैं। (पृष्ठ 30)

मुनि श्री विशल्यसागर जी महाराज के 'मौक्तिकम्' की कविता 'दृष्टि सम हो' तो जन-जन के कल्याण का विमल दर्पण ही मुझे लगी है–

सच कहता हूँ

हाथ में चिराग होना ही,

काफ़ी नहीं है

चिराग के प्रकाश को

देखने वाली

आँखें भी तो हों।

आँखें देखने वाली हों

यह भी काफ़ी नहीं है

देखने वाली आँखों में

करुणा भी तो हो।

दृष्टि सम हो

और सम्यक भी हो। (पृष्ठ 41)

इस कविता में 'चिराग', 'प्रकाश', 'आँख', 'करुणा' और 'सम' तथा 'सम्यक' शब्द पूरे जैन दर्शन के 'सम्यकत्व' को रूपायित कर देते हैं और लोककल्याण के प्रति हमें 'सम दृष्टि' से चलने की प्रेरणा भी देते हैं।

4. 'नैतिकता रत्न' : मानव-जीवन की सार्थकता ही नैतिक मूल्यों के पालन में स्वीकार की गयी है। जैनत्व तो सर्वत्र नैतिकता के सिद्धान्त को सर्वोपरि मानता रहा है।

मुनि श्री विशल्यसागर जी महाराज ने तो अपनी कविता 'वही सन्त होता है' में घोषणा ही कर दी है–

मैं सच कहता हूँ
जिसके अन्तस में
करुणा/वात्सल्य,
आचार/करनी में,
अहिंसा।
विचारों में,
सत्वेषु मैत्री
भावों में शुचिता,
कथनी में सरलता,
आचरण/उच्चारण में
अनुवीची भाषण,
जीवन में निष्परिग्रहता
और क्रियाओं में
विवेक होता है,
वही तो
सन्त होता है। (पृष्ठ 22)

निस्सन्देह, मुनिश्रेष्ठ की यह कविता 'नैतिकता-रत्न' का अनूठा उदाहरण समाज के साथ ही अपने समान युग-निर्माण में निरत सभी के लिए सिद्ध होती है। वस्तुतः यह नैतिकता-रत्न ही मानव-कल्याण का मूलाधार होता है, यह सत्य मुनिवर की 'प्रार्थना' शीर्षक कविता का प्राण-तत्व मुझे लगा है। मुनिवर कहते हैं–

"हे चैतन्य!
जीवन का लक्ष्य,
वासना नहीं
साधना है।
साधना की भावना ही,
परम प्रार्थना है।
यही प्रार्थना
बनती सम्यक साधना,
कराती निज आराधना।
मिटाती विषय वासना
दिलाती सत्य भासना,
दृढ़ करती लक्ष्य भावना।" (पृष्ठ 39)

मुनिवर श्री विशल्यसागर जी महाराज के 'मौक्तिकम्' का यह 'नैतिकता-रत्न' निश्चय ही तो साधकों के जीवन को उत्थान की ओर ले जाने का दृढ़ आधार है।

5. **'निरभिमानिता रत्न'** : जैनत्व का तो मूलाधार ही 'निरभिमानिता की भावना' रही है। सत्य तो यही है न कि अभिमान का कषाय लेकर तो कोई प्राणी मुक्ति पा ही नहीं सकता। मुनि श्री विशल्यसागर जी महाराज के इस काव्य संग्रह 'मौक्तिकम्' की रचना 'अवनि और जलधि' को मैं जीवन के उत्थान के अमृत-मन्त्र कह सकता हूँ, जिसमें मुनिश्री ने 'अवनि' और 'जलधि' को प्रतीक बना कर 'निरभिमानिता' का सन्देश दिया है–

अवनि निरपराध है
धैर्य क्षमा स्वरूप है,
और
जलधि सापराध है
अधैर्य-क्रोध स्वरूप है।
समुद्र की परीक्षा होती है।
एक कंकड़ डालते ही

वह क्रोध से
तरंगित हो उठता है
और
अवनि जिस पर
सबका जीवन पलता है,
सबका भार वहनता है,
क्षमा, गुण को नहीं छोड़ती।
सच है,
सब तरह से
पालने वाला ही तो,
क्षमा गुण वाला,
सबसे बड़ा कहलाता है। (पृष्ठ 31)

कविवर मुनि श्री विशल्यसागर जी महाराज की एक और कविता 'होगा मुक्ति गमन' ने मेरे अन्तस को छुआ है। इस कविता में जीवन का वह सत्य मुनिश्री ने हमें दिया है, जो प्रत्येक साधक को अमृत बना सकता है। मुनिवर कहते हैं–

सत्य की साया
ही है सत-छाया।
जो भी इसकी शरण में आया,
उसी ने मुक्तिप्रिया को पाया।
अतः छोड़ दुनिया की माया,
इससे तूने दुखों को ही पाया।
या तुझे सत्य का भान नहीं?
स्वयं का स्वयं को खयाल नहीं?
क्योंकि तू स्वयं को भूला,
व्यर्थ के अहं में फूला।
जाग!

मिटा अहं की आग,

यही तेरा सच्चा त्याग।

अतः कर सत्य का वरण,

होगा कष्टों का क्षरण।

मिलेगी समाधि मरण,

होगा मुक्ति गमन। (पृष्ठ 46)

इसी प्रकार की प्रेरक कविता है 'बूँद से सागर', जिसमें मुनि श्री विशल्यसागर जी महाराज ने प्रतीकात्मक शैली में हमें जीवन के सत्य का ज्ञान कराया है। वे कहते हैं–

मैं सच कहता हूँ

बूँद से सागर

होना चाहते हो

तो मिटाओ अहं ,

करो निज पर अहं

और

मिलाओ अपने को

बहती धारा में। (पृष्ठ 82)

निस्सन्देह, मुनि श्री विशल्यसागर जी महाराज का यह काव्य संग्रह 'मौक्तिकम्' समाज के कल्याण का मूल मन्त्र हमें देता है, वह है 'निरभिमानिता का अमूल्य रत्न'।

6. 'विनम्रता-रत्न' : मुनि श्री विशल्यसागर जी महाराज की विनम्रता तो उनकी कविता 'हे गुरुवर!' से ध्वनित हो रही है। जैन धर्ग के दस धर्म लक्षणों में प्रथम धर्म 'उत्तम क्षमा' से लेकर अन्तिम 'उत्तम ब्रह्मचर्य' तक की साधना प्रत्येक साधु का सर्वोपरि धर्म होता है। अतः 'विनम्रता' तो उनका आभूषण है। मुनिश्री की कविता 'संकल्प-पल' और 'जय-पराजय' पढ़कर हमें उनके चिन्तन की गहराई और विनम्रता का परिचय मिल जाता है। कविवर मुनिश्री की कविता 'मुक्ति-बन्धु' की ये कुछ प्रेरक पंक्तियाँ देखिए–

व्यक्ति का व्यक्तित्व

ही उसका है कृतित्व

व्यक्तित्व बिन

कृतित्व कैसा!

उष्णत्व बिन ऊष्ण

और शीतलत्व बिन शीत कैसा!

यानी व्यक्तित्व जीवन का प्राण

अन्यथा व्यक्ति निष्प्राण है।

* * *

इसलिए चाहे सन्त हो महन्त,

राजा हो रंक

सभी ने इसी को सजाया/सँभाला है।

शाश्वत यह गौरव-गाथा है

झुकाया माथा है। (पृष्ठ-92 93)

जीवन का परम सत्य मुनिश्री ने अपनी दो पंक्तियों में सँजोकर हमें दे दिया है 'विनम्रता रत्न', ये दो पंक्तियाँ हैं–

शाश्वत यह गौरव-गाथा है

झुकाया माथा है।

मेरी विनम्र दृष्टि में मुनि श्री विशल्यसागर जी महाराज के उक्त शब्द आज के मानव-समाज के लिए ऐसा चिन्तन-अमृत हैं, जो उसे राग-द्वेष से मुक्ति दिला सकते हैं।

7. 'शालीनता रत्न' : कृतिकार कविवर मुनिश्री तो शालीनता और दिव्यता के अखण्ड प्रतिमान बनकर अपने वचनों के अमृत से जन-जन को उपकृत कर रहे हैं। मुनि श्री विशल्यसागर जी महाराज की प्रेरक रचना है 'जरा सोच', जिस में समाज के कल्याण की अपार शक्ति के साथ ही मुनिश्री के चिन्तन की शालीनता भी भरी हुई है। वे हमें चेताते हुए कहते हैं–

काल का प्रवाह
बह रहा है
और बहता-बहता
कह रहा
यह जीवन
पल-पल इसी प्रवाह में,
बह रहा बहता जा रहा है
और चलता हुआ कहता जा रहा है,
यहाँ पर कोई भी
चिर ...ध्रुव ...स्थिर
न रहा ...न रहेगा,
जरा सोच। (पृष्ठ 74)

और, अन्त में मैं मुनि श्री विशल्यसागर जी महाराज की इस सारस्वत अक्षर-साधना को नमन करते हुए अपनी श्रद्धा के सुमन उनके श्रीचरणों में समर्पित करता हूँ।

महावीर-पथ के अनुगामी,
चिन्तन-पथ के महावीर।
चरणों में अर्पित मम श्रद्धा,
पा जाऊँ आशीष-नीर।

डॉ. योगेन्द्र नाथ शर्मा 'अरुण',
डी.लिट.
सदस्य, कार्य परिषद,
महात्मा गांधी अन्तारराष्ट्रीय हिन्दी वि.वि., वर्धा

पूज्य मुनिश्री विशल्यसागर जी की कृति 'मौक्तिकम्' : सृजनशील चैतन्य के विविध आयाम

सृजनात्मक दृष्टि, सकारात्मक चिन्तन, स्वच्छ भाव, सर्वोत्तम साध्य, सघन श्रद्धा, शुभंकर संकल्प, शिवंकर शक्ति, सम्यक् पुरुषार्थ, श्रेयस् अनुशासन, शुचि-संयम, सतत ज्ञानोपयोग–इन सबके सुललित समुच्चय का नाम है मुनि श्री विशल्यसागर जी मुनिराज, जो एक निग्रन्थ साधक हैं, ज्ञान की आराधना एवं वीतरागता के अनुभव से परिपूर्ण आध्यात्मिक दिव्यता के संधारक हैं, अद्‍भुत विचारक, दार्शनिक, महान तपोधनी, ओजस्वी वक्ता, प्रखर लेखक, शान्तमूर्ति एवं परोपकारी सन्त हैं, जिनकी असाधारण जीवन यात्रा, भौतिकता पर आध्यात्मिकता की विजय का एक प्रेरक मील स्तम्भ है। मौक्तिकम् के सर्जक पूज्य मुनिश्री जी एक ऐसे अभ्रथ महर्षि हैं, जिनकी आत्मा संयम की साधना में स्थिरचित्त हो, समस्त वासनाओं से विरत हो, सभी जीवों की रक्षा में अपने मूल गुणों का पालन करते हुए रत्नत्रय की साधना में तो संलग्न है ही, जनकल्याण एवं जगकल्याण में भी अपने करुणामयी वात्सल्य की स्निग्धता के साथ तत्पर है। वे भीषण ठण्ड, तपती हुई धूप एवं मूसलाधार बारिश की विषम परिस्थितियों के रहते हुए भी, संसार के समस्त विकल्पों को त्याग कर, आत्मकल्याण, आत्मानुभूति और आत्मान्वेषण के परम लक्ष्य की ओर उन्मुख वीतरागी जीवन शैली को सन्धारित कर, अन्तरंग में जिन व्रतों, गुणों व तपों का पालन करने में प्रतिबद्ध हैं; अहर्निश/अविराम।

मौक्तिकम् का आह्वान है कि धर्म मानव प्रकृति का आभ्यान्तर तत्व है। स्व में एकत्व का अभिप्राय धर्म में सन्निहित है। स्व अर्थात आत्मा की ओर उन्मुख प्रस्थान-नितान्त एकाग्रता और उत्साह की ऊर्जा से स्फूर्त हो, ताकि हो सके लीनस्थ; सत्यार्थ-परमार्थ के निर्मल आनन्द में। गुरुवर का संकेत है—आत्मा के अरूप, अगन्ध, अव्यक्त, अशब्द, अरस, निराकार, चैतन्य आदि गुणों के नाद से अभिभूत हो, सच्चे आनन्द से स्पन्दित होकर, जीवन को सहजानन्द से परितृप्त कर, स्वयं पर विजय पाने का पुरुषार्थ प्रवृत्त करना जिससे हो सके एक सशक्त प्रस्थान-जिनत्व की सम्प्राप्ति की दिशा में।

पूज्य मुनिश्री जी की कृति मौक्तिकम् सहजिक है, जीवन को असीम से ससीम की ओर केन्द्रित करने का सम्प्रेरण है, आत्मानुभव की ऊर्ध्वमुखी यात्रा का संलेख है, जिसका उपादान चैतन्य के विराग-वारिधि में समाया है, जिससे शब्दों की वेणी, भावों के रंजन की सुरभि को विस्तीर्ण कर रही है। परम विरागी सत्य से नेह, हर अक्षर में श्रेय की निःश्रेयस यात्रा को साथना/उपासना का पाथेय प्रदान करता है। मुनिश्री की साधना/आराधना, वीतरागी प्रभु का अहर्निश संगान और आत्म-संगीत की स्वर-लहरी का अनुश्रवण, अन्तर्मुखी शोधन/परिशोधन, सम्यग्दृष्टि का आमोद और समत्व का प्रमोद मौक्तिकम् के अन्तस्थल का करता है; सहज संस्पर्शन। निस्सार के निर्गमन की सरगम से आत्मदर्शन की महक को वे सुरभित करा देते हैं, हर कविता में, हर शब्द में। हर शब्द, आत्म-सदन में वास करने का निमन्त्रण देता है, सारभूत वस्तु के प्रकाशन में व्याप्त अणु के विराटत्व का, बिन्दु में सिन्धु का संदर्शन करता है। गुरु के परम प्रसाद के विपाक परिपाक को विनम्र भाव से गुरु चरणों में आप अर्पित कर देते हैं।

मौक्तिकम् की हर कविता, ताप की विभूति, शुचिता के वैभव, संस्कृति के विलास रूप-रत्नों के प्रकर्ष, श्रेयस् के समुल्लास, भद्र और शील के उजास को धारण करने का आह्वान करती है, ताकि ब्रह्मचर्य, सत्य और अहिंसा की त्रिवेणी-धारा, जीवन मंगल, विश्व कल्याण और जीवन शुभ की अप्रतिम तरंगों के साथ उल्लसित और विलसित होने लगे। समर्थ-गुरुओं के वर्षों के अथक प्रयास, अविरल यत्न और अविरमित साधना के कारण ऐसे महामनीषी का शिल्पन

सम्भव होता है, जो भव्यों के लिए, श्रेयस्साधकों के लिए, जीवन-महोत्सव को समुद्‌घटित करता है; और होता है सृजन नित्यनव्यरमणीयता के साथ अनाविल कमनीयता का।

मुनिश्री की इस पुस्तक में जिस ज्ञान की महिमा सुरक्षित है वह सिर्फ़ बुद्धिगम्य ही नहीं; प्रत्युत है हृदय-गम्य भी। पूरी ईमानदारी, पारदर्शिता और अन्तर्मन के विचारों की शुद्धता के साथ, साधना के नित नये प्रयोगों ने उनके विचारों की प्रस्तुति में नवीनता का स्वाभाविक समावेशन किया है। गुरुदेव का काव्य-साहित्य, श्रम और पुरुषार्थ का महत्त्व समझाता है तथा कर्तव्य व अधिकार का तारतम्य सिखाते हुए साध्य की प्राप्ति के लिए साधन की शुद्धता को भी महत्त्व देता है; हृदय को पवित्र करने और आत्मा का सौन्दर्य बढ़ाने की प्रेरणा देता है।

पूज्यवर की मान्यता रही है कि मनुष्य की सहज प्रकृति सामाजिक होने के साथ ही आध्यात्मिक भी है; गुरुदेव ने इस तथ्य को विस्तार दिया है और यह भी रेखांकित किया है कि सोद्देश्य जीवन-यापन के लिए भी यह आवश्यक है कि मनुष्य का आचरण धर्मानुकूल हो। स्वतन्त्रता को नियमित तथा न्यायपूर्ण बनाने के लिए धर्म की आवश्यकता होती है। इसी कारण पूज्य प्रवर ने युग-युग से चले आ रहे भारतीय सांस्कृतिक जीवन-दर्शन के प्रमुख तत्त्व; सत्य और अहिंसा को मानवता के लिए हितकारी माना है।

मुनिश्री की काव्य प्रस्तुतियाँ आध्यात्मिकता को अधिक महत्त्व देती हैं। धर्म, कर्म, काम, मोक्ष भारतीय जीवन के चार पुरुषार्थ हैं, लेकिन अर्थ तथा काम को धर्म द्वारा नियन्त्रित किया गया है और मोक्ष अन्तिम लक्ष्य है। वे आध्यात्मिक एवं दार्शनिक विचारधारा पर अपने चिन्तन अवबोध को आश्रित करते हैं और आध्यात्मिकता तथा नैतिकता की पुनः प्रतिष्ठापना पर बल देते हैं। सत्य अथवा परम तत्त्व की प्राप्ति के लिए आत्मा की शुद्धि की आवश्यकता को उन्होंने रेखांकित किया है। वे सत्य को सृष्टि का सार, निर्बल का बल तो मानते ही हैं; उसे नित्य, अचल और अटल मानते हुए जीवन-सर में सरस, मित्रवत्, कमल, मोद मधुर, मकरन्द, सुशय सौरभ निर्मल भी मानते हैं। वे इंगित करते हैं :

मानवता के मन्दिर में, संयम तप का दीप जलाएँ,
अन्तर-बोध उजागर करके, आनन्द-अमृत से भर जायें।

फिर वे आह्वान करते हैं

भीतर की नीरवता पा कर, समता रस बीन बजायें,
अपने मन की परम शान्ति को मृत्युंजयी का पथ बनायें।

अहिंसात्मक विचारों, नैतिक एवं आत्मिक बल की श्रेष्ठता तथा सत्य के वास्तविक स्वरूप का अंकन भावात्मक रूप से गुरुदेव द्वारा अधिक किया गया है; जहाँ करुणा का स्वर प्रमुख है, वह भौतिक कुण्ठाओं की करुणा न होकर शुद्ध अध्यात्म की मानव-करुणा है, जो मानव-मात्र का धर्म है और निरूपित भी करती है कि एक सत्य से अनुप्राणित होने के कारण प्राणी-मात्र का समान अस्तित्व है।

मुनिश्री जी की कविताएँ हिंसा से अहिंसा की मर्यादा को बलवती बनाती हैं, दण्ड देने से क्षमादान को कहीं वीरत्व का लक्षण मानती है और उसे ही सच्ची वीरता का प्रमाण भी मानती है। दण्ड देने की क्षमता के होते हुए दण्ड देना स्वीकार नहीं करना उनके दृष्टि-पथ में सच्ची क्षमा है। आधि-व्याधि-उपाधि के चक्करों से दूर, सम्यक समाधि पर वे बल देती हैं। वे घोष करते हैं :

भोगी की सम्पदा दर्दनाक व्याधि है,
योगी की सम्पदा सम्यक समाधि है,
जहाँ समाप्त होती आधि-व्याधि-उपाधि है।

मुनिश्री विशल्यसागर जी के बहुआयामी सृजन की संकल्पना, ज्ञान के निबन्ध और अन्तर अनुशासनिक विनिमय और सर्जनात्मकता को इंगित करती है और बन जाती है सांस्कृतिक चेतना की संवाहिका भी। इसके संयोजन के लिए उनका अद्भुत वैचारिक नवोन्मेष के प्रति आकर्षण और दीर्घकालिक सतत् प्रतिबद्धता, प्रेरणा के स्वर बिखेरते हैं।

उनके प्रगल्भ चिन्तन में सांस्कृतिक नैकट्य, भारतीय संस्कृति के विविध पक्षों और दर्शन के गूढ़ पक्षों को अनूठा विस्तार मिला है एवं उनकी परिष्कृत अभिरुचि, भाषावैज्ञानिक विश्लेषण और तत्कालीन साहित्य के अनुशीलन प्रमुख रूप से रूपायित हुए हैं।

आप श्री ने बड़ी खूबसूरती से प्रतिपादित किया है कि जीवन में नैराश्य भी होता है और उत्साह भी; लेकिन हमेशा समान अनुपात में नहीं—अपार दुख और मुट्ठी भर सुख की अनुभूतियों के बिम्बों के बीच सकारात्मकता की रोशनी, आत्मा के निर्मल आनन्द की खुशी और उम्मीद की सृजनशील तलाश, यथार्थ के अतल गह्वर में एक सर्जक के नाते छींट भर रंग के साथ-साथ चुटकी भर उजाला भी घोल देती है—पाठकों के मन में। जीवन की समस्याओं का ऐसा सरलीकृत हल देना जहाँ समाधान सहज-स्वाभाविक प्रतीत हों, सम्भव लग, तर्कपूर्ण हों, व्यावहारिक हों, जीवन के बीचो-बीच से उठाये गये हों—जीवन की तरह ही उनकी एक अपनी दिशा और गति हो—स्वाभाविकता में, असीम दुख और गहरी निराशा में भी; यह मुनिश्री ने अपनी लेखनी की प्रांजल रोशनाई से सम्भव कर दिखाया है। भोग से योग की ओर प्रस्थान करने का सन्देश देते हुए वे कहते हैं :

भोग-रोग/महारोग
दुखों का संयोग
अशान्ति का नियोग
जब कि योगी का योग,
मुक्ति का अनुयोग
समता का प्रयोग
सुख शान्ति आनन्द युक्त त्रियोग

श्रद्धा और समर्पण की अँगुली पकड़ कर अपने गुरु गणाचार्य आचार्यश्री विरागसागर जी की पहरेदारी में आप कदम-दर-कदम कुछ यूँ चले कि जमीं पर रखा आपका हर कदम, पदचिह्न बन गया। सरस्वती के ज्ञान मन्दिर में आत्म-आराधन का ऐसा महायज्ञ शुरू हुआ कि आराधनाएँ स्वयं ऋचाएँ बन गयीं और असीम ज्ञान, अपरिमित गरिमा, सरलता तथा आत्मीयता के महापुंज बन कर, विस्मित करने लगे मुनिवर विशल्यसागर; सम्पूर्ण मानवता को—आर्यावर्त की धरती पर। अपने शिष्य की निर्मल प्रज्ञा, संघनिष्ठा, उत्कृष्ट चारित्र, अद्भुत समर्पणशीलता और अपरिमित वात्सल्यशीलता से गुरु प्रवर गणाचार्य श्री ने अपने मंगल आशीष से मुनिवर की प्रतिभा को अभिसिंचित किया है।

पूज्य मुनिश्री की यह कृति उनके त्यागनिष्ठ एवं संयममय तथा निस्पृही जीवन गाथा के अभ्यर्चन यज्ञ को समर्पित, एक छोटी-सी अक्षर आहुति है। इस कृति का चिन्तन अवबोध, पूज्यपाद के चित्त में विराजित आत्मा के वीतरागी ईश्वर के अभ्यर्चन के साथ-साथ, सत्वेषु मैत्री से स्पन्दित उनकी वीतरागी भक्ति की वीणा के सप्त-स्वरों को गुंजित करते हुए, अहिंसा तथा अनेकान्त की साधना से जिन-धर्म की मंगल आराधना के रत्नत्रय दर्शन को स्फूर्त करता है। वे आस्था और श्रद्धा से ओत-प्रोत हैं और सदैव अपने सन्तत्व के प्रति जागरूक भी हैं। वे निर्भीकता से कहते हैं :

जिसके अर्न्तस में, करुणा/वात्सल्य,
आचार/करनी में, अहिंसा,
विचारों में सत्वेशु मैत्री, भावों में शुचिता,
कथनी में सरलता, आचरण, उच्चारण में अनुवीची भाषण,
जीवन में निस्परिग्रहता और क्रियाओं में विवेक होता है,
वही सच्चा सन्त होता है

पूज्य-प्रवर मुनि श्री जो एक गतिशील अस्तित्व के पवित्रतम पर्याय हैं, आन्तरिक चेतना की शुद्धता पर अपना ध्यान केन्द्रित कर मानव के मन मन्दिर में संयम तप के दीप जलाने का आह्वान करते हैं, अन्तर-बोध को उजागर कर आनन्द-अमृत से अन्तस की नीरवता को विलोपित करने के सूत्र बताते हैं और इंगित करते हैं कि मन की परम शान्ति किस प्रकार सम्प्राप्त हो सकती है।

पूज्य मुनिश्री की साहित्य साधना का रत्नाकर, एक सिद्धहस्त दार्शनिक के चित्त में बसे, सधे और कुशल रचनाकार के सहज एवं ऊर्जास्वित रचनात्मक प्रवाह से सदैव स्पन्दित रहा है, जो जैन धर्म और उसके दर्शन को सर्वांशतः समेटता है। उनकी भाषा काव्यात्मक सौरभ को विस्तीर्ण करती है, प्रांजल है, और शब्दावली मानवीय चित्त के कोमलतम पक्षों का संस्पर्शन करती है। भाषा की सहजता, विषय की स्पष्टता, सम्प्रेषण को सहज बनाते हैं तथा जैनागम, दर्शन, आचार एवं आचार्यों की दृष्टि, कथ्य तथा तथ्य को अपने में प्रामाणिकता के साथ समेटते हैं और एक नई भंगिमा तथा नये तेवर के साथ सहज अभिव्यक्ति

की प्रस्तुति करते हैं। चित्त का स्थिरीकरण, सुख-दुख, आत्म-कर्तित्व, सहज आनन्द, मोक्ष-साधन, क्रिया अक्रिया, वीतराग का कथन, बन्ध-मोक्ष, सम्यक्त्व का मिथ्यात्व बोध, व्यवहार नय की दृष्टि से संयत चर्चा, आत्ममूलक धर्म, गेय-हेय-उपादेय पदार्थ, साध्य-साधन, गृहस्थ धर्म, मनः-प्रसाद जैसे गम्भीर विषयों का उन्होंने सूक्ष्मता के साथ गहरा चिन्तन अपनी कालजयी काव्य-रचनाओं में किया है। उनकी मनीषा से उद्‌भूत बहुत कुछ ऐसा भी आया है जो नया है, प्रत्यग्र है और जिससे दर्शन-केन्द्रित आयामों को सु-स्पष्टता मिली है।

मौक्तिकम् का कथ्य पूज्य मुनिश्री के गहन ज्ञान और दिव्य अनुभूति की युति को प्रणति अर्पित करता है और विश्वास, बुद्धि तथा ज्ञान की दुनिया में उनके द्वारा प्रवर्तित की गयी नैतिक और आचारनिष्ठ क्रान्ति की वर्णावली को भी आख्यायित करता है, जिससे मानवतावाद के एक नये क्षेत्र की खोज करने एवं युवा मस्तिष्कों के उत्प्रेरण की सृजन-भूमि की रचना की सम्भाव्यता इंगित होती है। पूज्यवर ने सांस्कृतिक वैविध्य एवं सत्य की बहु-पक्षीयता के कारण होने वाले वैचारिक संघर्षों के निग्रह के लिए, अनेकान्तिक दृष्टिकोण के विकास को एक अपरिहार्य समाधान के रूप में सफलतापूर्वक प्रतिष्ठित किया है।

कृतिकार की प्रतिबद्ध तपस्विता और आत्म-शुद्धत्व को केन्द्रित करते हुए काव्य-वीथी का सृजन, स्वयं को जानने के लिए, एक सचेत प्रयास है, जिसमें मनोनुशासन से अभ्यास और मन को नियन्त्रित करने की सम्प्रेरणा अभिव्याप्त है। उनकी सम्बोधि आत्मा की मुक्ति के मार्ग को इंगित करती है, आत्मा की पूर्ण स्वाधीनता की ओर निदेशित करती है। शाश्वत अखण्ड एवं प्राकृतिक रूप से आत्मलीनता की ज्ञानमयी अवस्था के लिए उनका आह्वान है आत्मा से सच्चे प्रेम का, आत्मा के गुणों की भक्ति का, चित्त की एकाग्रता से समाधि की सम्प्राप्ति का और ज्ञेय के ज्ञान से प्रज्ञा के संवर्धन का। उनका संकेत है कि बोधि के तीन आयाम हैं : ज्ञान बोधि, दर्शन बोधि और चारित्र बोधि। जैन दर्शन की सुस्पष्ट अवधारणा है कि हम कोरे ज्ञान या दर्शन या फिर चारित्र से आत्म मुक्ति को नहीं पा सकेंगे। इन तीनों के समवाय यानी सम्बोधि से अविकल आत्म बोधि सम्भव है। वे अपनी कविताओं में प्रतिपादित करते हैं कि हर आत्मा अपने पुरुषार्थ से

परमात्म तत्त्व को प्राप्त कर सकती है। काल, स्वभाव, क्षेत्र, द्रव्य आदि के उचित योग जब मिल जाते हैं, तब बन्धन मुक्त हो आत्मा, अपने विशुद्ध रूप में प्रकट हो जाती है। ईश्वर कर्तृत्व की अपेक्षा आत्म कर्तृत्व को इष्ट दिशा में प्रवृत्त करने के विविध सोपानों की विषद व्याख्या अपनी पुस्तक मौक्तिकम् में अर्पित की है और किया है अपने पाठकों को प्रवृत्त आत्म-तत्त्व की प्राप्ति के मार्ग पर; सारी द्विविधाओं से परे। उनकी सम्बोधि आत्मानुभूति की अभिव्यंजना है, चेतना का उच्छास है और है, आत्म-साक्षात्कार की दिशा में प्रथम प्रस्थान भी।

मौक्तिकम् के कृतिकार ज्ञान-सम्पन्न हैं। अतः उन्होंने स्वयं को जानने के लिए, सम्यज्ञान को पाने के लिए और सम्यचरित्र की ऊँचाइयों को सम्प्राप्त करने के लिए सम्यग्दर्शन का अवलम्बन करते हुए, वैश्विक दृष्टि का निरपेक्ष और नैष्ठिक प्रतिपादन किया है—अपनी सुमधुर कविताओं में अपनी कला को आत्मा की सत्यनिष्ठ अभिव्यक्ति के रूप में पूर्ण श्रद्धान के साथ समर्पित करते हुए। आत्मा को जानने की उनकी अभीप्सा, उनके शब्दों से पाठकों को ज्ञान-पुरुषार्थ के संग चारित्र पुरुषार्थ का अंगीकरण कराती है और चेतना के नेत्र खोलती है, हृदय की गाँठ भी खोलती है। गुरु-चरणों में ध्यान अर्पित कर, समर्पण कर, मुक्ति की दृष्टि पाने को केन्द्रित भी करती है। तभी तो वे प्रमुदित भाव से अपनी वैराग्य वाणी को अंकित करते हुए कहते हैं :

कर्मों की बेड़ी में जकड़ कर,
वे अपनी जात/कृत्यों की बात,
अनेक दुखों के साथ बता देते हैं।

मुनिश्री ने अपनी कविताओं में अंकित किया है कि आत्मानुसन्धान, आत्मपूरण और आत्मसिद्धि न तो लौकिक हैं और न ही पारलौकिक भी। यह तो अपनी ही उच्चतम और अन्तस्थ सत्ता का अनुसन्धान करने और उसी में रमने की प्रतिबद्ध साधना है। आन्तरिक सन्तत्व के जागरण का अनुष्ठान है। उनकी कविताओं का संसार, कर्मों के बन्धनों के जकड़न की टूटन का सम्प्रेरण करता है और बताता है; इशारों-इशारों में कि जब तक ये टूटेंगे नहीं, तब तक यह देह टूट-टूट कर, मिट-मिट कर, जल-जल कर, फिर-फिर, आकार ग्रहण करती रहेगी,

आने-जाने का सिलसिला चलता रहेगा। वे प्रेरणा देते हैं कि चैतन्य की ज्योति को दीपित करना परमावश्यक है, उद्विग्नता से दूर, परम शान्ति की ओर प्रस्थान अपरिहार्य है। वे इंगित करते हैं :

मृत्यु भी आती है, आयेगी,
जीवन मिला है, मिलेगा भी,
फिर भी यदि चाह है,
मुक्ति की, तो अब्दों उस राह पर,
जिस पर ऋषि-मुनि-यति बढ़े

मुक्ति पाने की साधना में सब कुछ विसर्जित कर देने की प्रतिबद्धता लिये साधक मुनिश्री विशल्यसागर जी ने अपनी कविताओं से चेतना के स्वरों को गुंजित किया है, अपने आत्मजयी घोष से सबके कान खोले का उपक्रम किया है, उद्देश्यहीन, अर्थहीन, लयहीन जीवन को रससिद्ध बनाने और परमात्म पद पाने के लिए आत्म-दर्शन/स्वयं को जानने के लिए सम्प्रेरित किया है। मृत्यु को अतिथि रूप में अंकित कर जन्म के रोग के प्रति कवि ने सजग किया है, बिना डरे-सहमे, आत्मानन्द के नाद के संग जीवन जीने की कला बतायी है; गुरु-चरणों में अनुरक्त हो कर, श्रद्धावनत हो कहा है :

आओ सन्त के पास,
सन्त का साथ अच्छा, न जाने कब मिला दे
अरे पगले,
जड़ का मन्थन नही, आत्म-मन्थन करो,
रामो निज में-जड़ तज।

अजनाभखण्ड की प्रशस्त अभ्रथ परम्परा के मुकुटमणि आचार्यश्री विरागसागर जी के कुशल और समर्थ सार्थवाह, वीतरागकल्प मुनि विशल्यसागर जी परमार्थ को समर्पित एक ऐसी विशुद्धात्मा का अभिधान हैं, जिनके आभामण्डल में वीतरागता की स्थितप्रज्ञता साकार होती है और होती रहती है, निरन्तर प्रवाहमान शम, सम और श्रम की परम पावन त्रिवेणी, उनके साधनाशील जीवन में। अनुकम्पा से ओत-प्रोत यह एक ऐसे महर्षि का अभिधान है, जिसका क्षण क्षण, आत्मकल्याण और जनकल्याण के सम्यक प्रवर्तन हेतु नियोजित है। पावनता से परिपूर्ण एक

ऐसे तीर्थ का भी यह अभिधान है, जहाँ चेतना पवित्रता से अभिस्नात होती है; तो लाखों भक्तों के एक ऐसे आस्थान का भी अभिधान है, जो उनके भगवान बनने का पथ प्रशस्त करता है; कर्मों की निर्जरा का सहज-स्वाभाविक मार्ग संस्तुत करते हुए और बताते हुए कि देह में रहकर विदेह के चिन्तन/मनन की साधना का अध्यवसाय कैसे करें। वे मुक्ति की सम्प्राप्ति के लिए अपने गुरु का सुमिरन करते हुए इंगित करते हैं, पूर्ण निस्पृहता के साथ :

जगाओ निजत्व शक्ति
करो निर्जाम भक्ति
लगाओ विराग बन
विराग जलधि में डुबकी।

पूज्य मुनिश्री जी, आपके चिन्तन में समा गयी चाँद की शीतल चाँदनी, सूर्य का प्रखर तेज, तारों की झिलमिलाहट और सागर की गम्भीरता, धरणी का गजब का धैर्य, आपका ऋतम्भर प्रज्ञा को मौक्तिकम् में अनन्य विस्तार देते हैं, जिसके प्रभाव से आपके सदा निर्विचार स्थिति में रहने की साधना, आत्मानन्द की अप्रतिम अनुभूति का पाठकों को ज्ञान होता है। आपकी कविताएँ प्राणवन्त हैं, क्योंकि उनमें श्रद्धा का बल स्फूर्त है। श्रद्धा का अर्थ है—लक्ष्य के साथ तादात्म्य या एकात्मकता स्थापित कर लेना। उनकी श्रद्धज्ञता उनके साधनामय जीवन का बहुत बड़ा आश्रय है। जिसके प्रति श्रद्धा होती है, उसके प्रति सहज समर्पण का भाव होता है। श्रद्धा में इतनी ताकत होती है कि वह श्रद्धेय के दिल में अपना स्थान बना लेती है। जहाँ सर्वात्मना समर्पण होता है, वहाँ न कोई विकल्प होता है और न ही कोई तर्क। आपश्री का अपनी आचार्य परम्परा के प्रति और अपने इष्ट के प्रति निर्विकल्प और तर्कातीत श्रद्धा-समर्पण है। जहाँ इस प्रकार का सर्वात्मना श्रद्धा-समर्पणभाव होता है, वहाँ अनेक उपलब्धियां हासिल होती हैं—सहजता के साथ। सभक्ति-सश्रद्धा समर्पित तपःपूत सद्गुरु मुनिश्री विशल्यसागर जी अपने पाठकों को इस कृति के माध्यम से कल्याणक वाणी में सर्वत्र जगाने में सफल हुए हैं। भोगों की नश्वरता, संसार की असारता तथा देह की क्षणभंगुरता से उद्धार करने के सन्दर्भ में उनकी ये पँक्तियाँ प्रेरणा का अजस्र स्रोत हैं :

रे चेतन जागो
त्यागो कामना के प्रस्तर,
वासना बिस्तर,
आ रहा नया भोर,
ले कर नया भक्ति संगान।

श्रमण परम्परा के पवित्र शैल शिखर मुनिश्री विशल्यसागर जी के ज्ञान की उत्तुंगता, दर्शन की दिव्यता, चारित्र की चन्द्र जैसी निर्मलता, तप की तेजस्विता तथा वीर्य की विराटता अनुत्तर है। वे इसलिए भी प्राणवान हैं, क्योंकि उनमें तप का बल है। तपस्या से व्यक्ति के शरीर को कष्ट तो हो सकता है पर वह कष्ट, आत्मा को परमसुख की ओर ले जाने वाला होता है। पूज्य गुरुदेव के शब्दों में—'ध्यान करना तपस्या है तो जनकल्याण के लिए चलना भी तपस्या है। मौन व्रत तपस्या है तो जनकल्याण के लिए बोलना भी तपस्या है। भूखे रहना तपस्या है तो संयम की परिधि में खाना भी तपस्या है। उनका प्रारम्भ से ही ध्यान के प्रति आकर्षण रहा है। वे ध्यान करते हैं तो जनकल्याण के लिए लम्बी-लम्बी पदयात्राएँ भी करते हैं। वे अनावश्यक न बोलने वाले मौनव्रत को हर समय जीवन्त बनाये रखते हैं तो जनहित के लिए कई घण्टों तक उपदेश-प्रवचन भी करते हैं। उपवास आदि तप करते हैं तो वे आहार भी करते हैं, किन्तु अनासक्ति के साथ। वे मानते हैं कि तप एक सुरक्षा कवच है, जो इसे पहन लेता है वह अनेक खतरों से बच जाता है। आचार्य श्री इस सुरक्षा कवच से स्वयं कवचित हैं और दिगम्बरत्व की सुरक्षा के लिए तत्पर हैं। वे तपस्या को बहुत महत्त्व देते हैं। वे महातपस्वी हैं, क्योंकि वे आहार का संयम करते हैं, इन्द्रिय-संयमी हैं, सर्वदा आत्मोत्थान हेतु श्रमशील हैं, सहनशील हैं और अपने प्राणवान कर्तृत्व से युग के कैनवास पर अपनी पहचान की मौलिक चित्रावली का अंकन कर रहे हैं। यह सात्विक गर्व और गौरव का विषय है।

मुनिश्री विशल्यसागर जी एक आत्मा के रूप में प्रतिष्ठित हैं। आत्मा का न कोई नाम होता है, न रूप, न वर्ण और न कोई देश-जाति। आत्मीय स्तर पर कहा जा सकता है कि मुनिश्री नामातीत, रूपातीत, वर्णातीत और देशातीत हैं।

वे आत्मस्थ हैं, इसलिए उनकी अन्तर्यात्रा सतत प्रवहमान है। मुनिश्री की एकाग्रता और शान्तचित्तता अनुपम है। इसीलिए उनका व्यक्तित्व और कर्तृत्व आध्यात्मिक ऊर्जा से परिपूर्ण है। वे ज्योतिर्मय हैं, रसमय हैं, हरश्रमण मंगल हैं, आप महाश्रमण हैं, आपका हर प्रशस्त चिन्तन, हर मधुर वचन, हर सुविहित आचरण मंगलमय है। नवीनता हर कदम अनुगमन कर रही है। आप चिररमणीय हैं।

मुनिश्री जी के पुरुषार्थी जीवन की सबसे बड़ी पहचान है गत्यात्मकता। वे अपने जीवन में कभी कहीं रुके नहीं हैं, झुके नहीं हैं; यही कारण है कि समस्त प्रतिकूलताओं के बीच भी उन्होंने अपने लक्ष्य के दीप को सुरक्षित रखते हुए उद्भासित किया है। उनकी हर साँस, अपने दायित्वों एवं कर्तव्यों पर चौकसी दृष्टि रखती है, सद्विचार पर उनकी स्थिर बुद्धि श्रद्धा को सम्बलित करती है, अतः उनके प्रयत्न पुरुषार्थ बनते हैं और संकल्प साधना में ढलते हैं। विलक्षण विविधताओं के समवाय बने मुनिश्री, असंप्रदायिक धर्म के मन्त्रदाता और आध्यात्मिक जीवनमूल्यों के अधिष्ठाता बन गये हैं, व्यष्टि और समष्टि के हित के लिए सर्वतोभावेन समर्पित हो चुके हैं। वे व्यक्ति आर समाज दोनों की शुद्धि के लिए प्रतिबद्ध रहे हैं और अपनी पवित्र सन्त-चेतना तथा अपना अलौकिक आध्यात्मिक आभा से सम्पूर्ण मानवता का मार्गदर्शन कर रहे हैं। उनके पाद-पद्मा का वन्दना है, अभ्यर्चन है और है प्रार्थना कि उनके मंगल आशीष हमें सदैव मार्गदर्शन देते रहें।

प्रो. नलिन के. शास्त्री
विशेष कार्यस्थ पदाधिकारी,
जैन विश्व भारती संस्थान (मान्य विश्वविद्यालय), लाडनूँ

'मौक्तिकम्' : दिव्य-दीपक

'मौक्तिकम्' एक ऐसा दिव्य दीपक है जिसकी देह-दीवट कविताओं में ढलकर आलोक वर्तिका बनकर जीवन-पथ उजाल रही है। सघन अज्ञानान्धकार में राह सुझाने वाली गुरु की यह कृति संवेदना, ज्ञान एवं अनुभूतियों का गहराई से प्रस्तुतीकरण है। प्रत्येक कविता में जीवन के सिद्धान्त मुखरित होते हुए परिलक्षित होते हैं। प्रत्येक पंक्ति, प्रत्येक अक्षर चुम्बकीय आकर्षण लिए हुए है। मुनि श्री की 'मौक्तिकम्' को किसी भी कोने से जाँचो-परखो यह वहीं से आत्म-ज्ञान और आत्मसंयम से परिपूरित दिखाई पड़ती है। आपने अपनी काव्य-प्रतिभा से भावों की मोती-माला को आकर्षक और अप्रतिम सूझ-बूझ से गूँथा है। आप सही अर्थों में कवि हैं। आपके शब्दों का सार, भाषा का विस्तार और विस्तृत भावों के संसार का उपहार पाकर पाठक अपने जीवन को भी मोती बना सकते हैं, गुरु की महनीय मनीषा के चरणों में नमन...

डॉ. ममता जैन
सम्पादिका-श्रीदेशना

मुनि विशल्यसागर जी के काव्य में लोकमंगल की भावना

जैन मुनि विशल्यसागर जी एक ऐसे राष्ट्रवादी सन्त हैं जिनके विचारों और काव्य में लोकमंगल एवं विश्वकल्याण की भावना कूट-कूट कर भरी हुई है। उनका प्रसिद्ध काव्य संग्रह 'बूँद से सागर' अथवा 'मौक्तिकम्' लोकमंगल एवं विश्व कल्याण की भावना से आपूरित है। मानव कल्याण उनके लिए सर्वोपरि है, इसीलिए जीवमात्र के कल्याण के लिए उन्होंने अपने काव्य में महत्त्वपूर्ण सन्देश दिया है। सर्वप्रथम वे मनुष्य को अन्दर से शुद्ध होने की प्रेरणा देते हैं, क्योंकि अन्तर्मन की शुद्धि मनुष्य के कल्याण हेतु आवश्यक है। जैन धर्म की साधना जीवन की अन्तरंग साधना है। इसीलिए जैन साधना हमें अन्तर्मन की शुद्धि की प्रेरणा देती है। मुनि विशल्यसागर जी के निष्णात अन्तरंग में अवगाहन करके, भाव मुक्ताओं को भास्वर कर, श्रावकों का कल्याण किया है। विशल्यसागर जी ने लिखा है

मानव स्वयं एक मन्दिर है
तीर्थ रूप है धरती सारी।
मूरत प्रभु की सभी ठौर है
अन्तदृष्टि खुले हमारी ॥

अन्तर्मन की शुद्धि के बाद जब अन्तर्दृष्टि खुल जाती है तो जीवन आनन्द से भर जाता है। उन्होंने लिखा है—

मानवता के मन मन्दिर में/संयम तप के दीप जलाएँ।
अन्तरबोध उजागर करके/ आनन्द अमृत से भर जाएँ ॥

दरअसल, आनन्द भीतर की चीज़ है, वह बाहर से नहीं आता। हमने पर द्रव्यों को ही आनन्द मान लिया है, जो असली आनन्द नहीं है।

मुनि विशल्यसागर के अनुसार व्यक्ति का अन्तस् जितना उज्ज्वल होगा, वह व्यक्ति उतना ही पुण्यात्मा होगा। इसलिए मुनि विशल्यसागर जी ने कहा कि व्यक्ति को अच्छा आचरण करना चाहिए। बड़ा कहने से कोई बड़ा नहीं होता, बल्कि आचरण से बड़ा होना चाहिए। तुलसीदास ने ठीक लिखा है—

पर उपदेश कुशल बहुतेरे। जे आचरहिं ते नर न घनेरे ॥

आचरण करने वाला व्यक्ति ही समाज में आदर पाता है अथवा समाज में पूजा जाता है। मुनि कहते हैं कि अच्छे विचारों पर आचरण न किया जाये तो वह स्वप्न के समान है।

मुनि विशल्यसागर जी का कहना है कि यदि प्रभु से सच्चा प्रेम हो तो क्षण भर में मुक्ति मिल जाती है। किन्तु विलासिता एवं ऐश्वर्यपूर्ण जीवन, भाग-दौड़ के चलते मानव अन्धा होकर तीव्र गति से पतन के गर्त में फिसलता जा रहा है यानी काम-वासना की ज्वाला में झुलसता हुआ निज का घात करने पर तुला हुआ है। इसका कारण है—आध्यात्मिकता का अभाव। अध्यात्म से शून्य जीवन महाघातक सिद्ध होता है। यदि जीवन में अध्यात्म का समावेश नहीं है तो ज़िन्दगी महाहिंसक, निर्दयी, स्वघात का परिवेश धारण कर लेती है। अध्यात्म से हीन ज़िन्दगी भोगी-विलासी बनकर निज आत्मा का संहारक बन जाती है। ऐसी ज़िन्दगी पशु की ज़िन्दगी से भी बदतर हो जाती है।

मुनि विशल्यसागर जी का कहना है कि जीवन की सुन्दरता तन के सुन्दर दिखने में नहीं, मन की सुन्दरता से है, क्योंकि तन से बगुला भी धवल होता है, पर मन से अति काला—

मन मलिन तन सुन्दर कैसे।
मल से भरे कनक घट जैसे ॥

इनके अनुसार क्षमा बहुत बड़ा गुण है। जिसके पास क्षमा है, वह सबसे बड़ा है। अवनि निरपराध है, धैर्य क्षमा स्वरूप है और जलधि सापराध है, अधैर्य क्रोध स्वरूप है। समुद्र में एक कंकड़ डालते ही वह क्रोध से तरंगित हो उठता है और

अवनि जिस पर सबका जीवन पलता है, सबका भार सहती है, क्षमा गुण नहीं छोड़ती।

मुनि विशल्यसागर जी का कहना है कि मनुष्य के लिए अहंकार का परित्याग करना अत्यन्त आवश्यक है। बड़ा कहने से कोई बड़ा नहीं होता। 'बूँद से सागर' कविता में वे लिखते हैं—

बूँद से सागर होना चाहते हो तो मिटाओ अहं।
करो निज पर रहम
और मिलाओ अपने को
बहती धारा में।
अस्तित्व कभी खोता नहीं है
असत् कभी होता नहीं है
पर आज बीज है
कल वृक्ष होगा
अणु है विराट होगा
बस खोना होगा अपने अहं को
बूँद का समर्पण
बीज का अर्पण
ही उनकी महानता का बोधक है
ऐसे ही निज को अहं का पलायन
ही मुक्तिगान है
और है बूँद से सागर की यात्रा है।

जब बूँद को अपनी सत्ता का विलय अच्छा न लगा। वह अपनी अहन्ता और पृथकता बनाये रखना चाहती थी। वह न बादलों के साथ रही और न समुद्र के साथ। सद्गति के लिए सन्त के चरणों में गिरना पड़ता है।

मुनि विशल्यसागर जी द्वारा लिखित कृतियों में मौलिकता है। एक-एक कृति में विश्व कल्याण की भावना समाहित है। शब्द चयन, शैली, भावों की अभिव्यंजना, विषय की गहराई आदि की दृष्टि से भी उनके काव्य बेजोड़ हैं। एक-एक शब्द में सागर की विशालता है जो इसकी अथाहता की ओर इंगित करता है। बूँद की सूक्ष्मता में ही, सागर की विराटता समाहित है।

समुद्र में सीप वर्षों तक यूँ ही बकूव्यर्थ पड़ी रहती है, उसका कोई मूल्य नहीं होता है। सागर के जल की अथाह राशि भी उसके उत्थान का कारण न बन सकी। किन्तु स्वाति नक्षत्र की एक बूँद ही उसके जीवन को आलोकित कर मोती का रूप प्रदान कर उसे अमूल्य बना देती है। मनुष्य यदि संकटों, समस्याओं से विचलित न होता तो बूँदों के समान मोती बन जाता।

सागर की सार्थकता बूँद के अस्तित्व में है। यह जीवन एक-एक क्षण में निहित है। क्षणों की अवहेलना जीवन की उपेक्षा है। इसलिए इनके काव्य से प्रेरणा लेकर जीवन मूल्यों को पहचानने की ज़रूरत है—

समय अनमोल है मानव इसे व्यर्थ न खोना।
डसेंगे कर्म जब हमको पड़ेगा व्यर्थ में रोना ॥
सागर में फँसी नैया, मुनिवर इसे खेना।
बनूँ मैं बूँद स्वाति की गुरु आशीष देना ॥

समय मूल्यवान है इसलिए जो कुछ करना है कर डालो। मत बैठो कल की आस लिये। कल आयेगा किसने जाना? इसलिए मुनि विशल्यसागर जी कहते हैं—गर रहे भरोसे हम कल के तो कुछ भी न कर पायेंगे। समय किसी का इन्तज़ार नहीं करता। इसीलिए कहा गया है—

काल करै सो आज कर आज करे सो अब
पल में परलय होयेगा बहुरि करोगे कब।

यह शरीर तो पानी के बुलबुले ही तरह है—यह तन जल का बुद बुदा (कबीर)। जीवन क्षण भंगुर है, अनित्य है, परिवर्तनशील है इसलिए सचेत रहने की आवश्यकता है।

मौक्तिकम् काव्य में विशल्यसागर जी ने गुरु कृपा पर विशेष बल दिया है। मुक्ति का मार्ग प्रशस्त करने में गुरु की महती भूमिका होती है। 'हे गुरुवर' कविता में उन्होंने लिखा है—

मैं चातक हूँ तू बादल है।
मैं लोचन हूँ तू काजल है।
मैं ओस हूँ तू आँचल है।
मैं पपीहा हूँ तू मसीह है।
मैं प्यासा हूँ तू अमृत जल़ है ॥

गुरु ही सब कुछ है। उसके चरणों में शीश नवाना ही मुक्ति का मार्ग प्रशस्त करता है। इसिलिए विशल्य जी लिखते है–

हे गुरुवर! विराग पुष्प
जब भी तुम फैलोगे
ख़ुशबू बनकर मैं महकूँ।
बस यही भावना मेरी
चरणों में अरज यह मेरी
मैं रज चरण की बन जाऊँ ॥

मानस में सन्त तुलसीदास ने भी गुरु की महिमा का विस्तार से चित्रण किया है–

बन्दउ गुरु पद पदुम परागा
सुरुचि सुवास सरस अनुरागा ॥
अमिअ मूरिमय चूरन चरू।
समन सकल भय रुज परिवारू ॥

श्री गुरु पद नख मनि गन जोति, सुमिरत दिव्य दृष्टि हिंय होती।

दलन मोह तम सो सप्रकासू। बड़े भाग उर आवइ जासू।

गुरु के पद नख अज्ञानरूपी अन्धकार का नाश करने वालें हैं।

गुरु पद रज मृदु अंजन। नयन अमिअ दृग दोष विभंजन ॥

गुरु के चरणों की रज कोमल और सुन्दर नयना मृत अंजन है, जो नेत्रों के दोषों का नाश करने वाली है।

जे गुरु चरन रेनु सिर धरहिं। ते जनु सकल विभव बस करहीं ॥

जो शेष है वही विशेष है।

प्रो. हरेकृष्ण तिवारी
हिन्दी विभाग
नव नालन्दा महाविहार सम विश्वविद्यालय, नालन्दा

एस धम्मो सनन्तनो का उद्घोषक काव्य–'मौक्तिकम्'

मानव सभ्यता के विकास के इतिहास में मगध क्षेत्र का योगदान अतुलनीय एवं अविस्मरणीय रहा है। भारतीय इतिहास का जब से हम ज्ञान प्राप्त कर पा रहे हैं तब से ही मगध क्षेत्र मानव के सांस्कृतिक विकास के सभी आयामों को प्रोद्भाषित कर रहा है। वह काल चाहे वैदिक युग का हो, ऐतिहासिक काल का हो अथवा हर्यंक, शिशुनाग, मौर्य, शुंग, कुषाण, वर्द्धन एवं पाल वंश का हो, इन सभी कालों में मगध भूमि पर हज़ारों श्रमण, ब्राह्मण संन्यासियों ने ज्ञान के विभिन्न शाखाओं का अन्वेषण कर मानव जगत को ही नहीं सम्पूर्ण प्राणी मात्र के कल्याण का मार्ग प्रशस्त किया है। यूँ तो मगध क्षेत्र में सैकड़ों की तादाद में श्रमण विचारधारा के संन्यासी निवास करते थे जिनकी चर्चा जैन औपपातिक सूत्र तथा बौद्ध पालि त्रिपिटक में प्राप्त हो रही है। पालि त्रिपिटक में इसे **'बासठ मिथ्या दृष्टि वाले'** के रूप में ब्रजाल सूक्त में बताया गया है वहीं औपपातिक सूत्र में इन सम्प्रदायों में बहुतेरे के नाम अंकित हैं जो निम्न प्रकार से हैं–

बुद्धकालीन भारत में जो अन्य धर्मों के (मतवादों) प्रमाण उपलब्ध होते हैं उनमें निम्नलिखित प्रमुख हैं–

1. वैदिक
2. जैन
3. आजीवक

4. नियतिवाद

5. अक्रियावाद

6. अनिश्चिततावाद

7. उच्छेदवाद

8. चार्वाकवाद

9. अज्ञानवाद

10. विनयवाद

11. तापस सम्प्रदाय

उपर्युक्त वर्णित सम्प्रदायों के विवरण बौद्ध एवं जैन साहित्य में कई स्थानों पर उपलब्ध होते हैं। परन्तु निम्नलिखित सम्प्रदायों की चर्चा देखने को नहीं प्राप्त होती है। औपपातिक सूत्र में निम्नलिखित सम्प्रदायों के विवरण प्राप्त होते हैं।[1] यथा–

1. होत्तिय	-	अग्निहोत्र करने वाले
2. पोत्तिय	-	वस्त्रधारी तापस
3. कोत्तिय	-	भूमि पर सोने वाले
4. जण्णई	-	यज्ञ याजिन
5. सहुई	-	श्राद्धिक तापस
6. सालई	-	अपना सामान साथ लेकर घूमने वाले
7. हुपड्ढ	-	कुंडिक सदा साथ लेकर भम्रण करने वाले
8. दंतुक्खलिया	-	फलभोजी
9. उम्मज्जका	-	उन्मज्जन मात्र से स्नान करने वाले
10. सम्मज्जका	-	कई बार गोता लगाकर सम्यक रूप से स्नान करने वाले
11. निम्मज्जका	-	क्षण मात्र में स्नान करने वाले
12. संपक्खला	-	मिट्टी घिस कर स्नान करने वाले
13. दक्खिणकूलका	-	गंगा के दक्षिण किनारे पर रहने वाले

1. औपपातिक सूत्र, सूत्र 38, पत्र 170/171 (द्रष्ट.-तीर्थंकर महावीर, भाग 1)।

14. उत्तरकूलका - गंगा के उत्तर किनारे पर रहने वाले

15. संसधम्मका - भोजन के पूर्व शंख बजाने वाले ताकि भोजन के समय कोई न आये

16. कूलधमका - तट पर शब्द करके भोजन करने वाले

17. मिगलुद्धका - पशुओं का मृगया करने वाले

18. हत्थितावासा - ये लोग हाथी मार लेते थे और महीनों तक उसी का मांस खाते थे। इसकी चर्चा सूत्र कृतांग में भी आती है। अद्रि कुमार से इन तापसों की भेंट हुई थी। उनका विचार है कि साल में एक हाथी मार कर हत्थितावास कम पाप करते हैं।

19. उद्दण्डका - दंड ऊपर करके चलने वाला

20. दिसापोक्खिीण - चारों दिशाओं में जल छिड़ककर फलफूल एकत्र करने वाले

21. वाकवासिण - वल्कलधारी

22. अंबुवासिण - पानी में रहने वाले

23. बिलवासिण - बिल (गुफाओं) में रहने वाले

24. जलवासिण - जल में रहने वाले

25. बेलवासिण - समुद्रतट पर रहने वाले

26. रुक्खमूलिया - वृक्षों के नीचे रहने वाले

27. अंबुभक्खिण - केवल जल पीकर रहने वाले

28. वायु भक्खिण - केवल वायु पीकर रहने वाले

29. सेवाल भक्खिण - सेवाल खाकर रहने वाले

30. मूलाहारा - केवल मूल खाने वाले

31. कन्दहारा - केवल कन्द खाने वाले

32. तयाहारा - केवल वृक्ष की छाल खाने वाले

33. पत्ताहारा	-	केवल पत्र खाने वाले
34. पुष्पहारा	-	केवल पुष्प खाने वाले
35. बीयाहारा	-	केवल बीज खाने वाले
36. परिसद्रियकन्दमूलतयपत्त पुष्पफलहारा	-	कन्द, मूल, छाल, पत्ता, पुष्प, फल खाने वाले
37. जलाभिसेयकढिणगायमूया	-	बिना स्नान भोजन न करने वाले
38. आयावाराहिं	-	थोड़ा आतप सहन करने वाले
39. पंचग्गितावेहिं	-	पंचग्नि तापने वाले
40. इंगालसोल्लियं	-	अंगार पर सेंक कर खाने वाले
41. कंडुसोल्लियं	-	तवे पर सेंक कर खाने वाले
42. कंट्ठसोल्लियं	-	लकड़ी पर पकाकर खाने वाले।

अभी कुछ वर्ष पूर्व मैं इटखोरी के सांस्कृतिक एवं पुरातात्विक संरचना पर कार्य कर रहा था तब पता चला कि संथाल परगना से लेकर औरंगाबाद तक का पूरा क्षेत्र श्रमण परम्परा का सिद्ध स्थल रहा है। संथाल परगना की कजंगला नामक भिक्षुणी से मिलने भगवान बुद्ध दो अवसरों पर उसके निवास स्थल पर जाते हैं, वहीं पारसनाथ तीर्थ क्षेत्र तीर्थंकरों की भूमि के रूप में प्रतिष्ठित है, अब ऐसा नहीं है कि सभी तीर्थंकर राजगृह से उठकर पारसनाथ की पहाड़ी पर आ जाते होंगे, उनकी चारिका भूमि तो इसके आस-पास के क्षेत्र रहे ही होंगे, जिसका प्रमाण इटखोरी और कौलेश्वरी में प्राप्त पुरातात्विक बौद्ध एवं जैन सामग्रियों से होता है। कौलेश्वरी में आज भी जैन एवं बौद्ध श्रद्धालु जाकर पूजा-अर्चना करते हैं। कौलेश्वरी एवं इटखोरी क्षेत्र में आज भी जीवित श्राद्ध किया जाता है। जब मैंने पालि त्रिपिटक में इसकी खोज की तब पता चला कि वहां पहले 'संसार मोचक' सम्प्रदाय के श्रमण निवास करते थे।

आज हम सभी जिस स्थल पर उपस्थित हैं इसकी पहचान पालि त्रिपिटक में आगत 'सेतकण्णिक' नामक स्थल से की गयी है। इसकी पहचान अबरख वाली भूमि से की गयी है। वह अबरख वाली भूमि कोडरमा और गिरिडीह का क्षेत्र ही है।

यहाँ भगवान बुद्ध के आने का प्रमाण उपलब्ध है। यह संगोष्ठि स्थल सामान्य संगोष्ठि स्थल से अलग है क्योंकि विश्वविद्यालय एवं कालेजों में हम सभी धर्म एवं विनय को सिर्फ़ पढ़ते-पढ़ाते हैं उनका आचरण तो शायद कोई विरले ही करते हैं परन्तु यहाँ तो आचार्य श्री एवं उनके गुणी शिष्यों द्वारा उनका पालन किया जाता है। ऐसा मैं इसलिए कह पा रहा हूँ कि जिस गुरु के शिष्य ने 'मौक्तिकम्' काव्य ग्रन्थ की रचना की है उन्होंने सम्पूर्ण ज्ञान को काव्य के माध्यम से समाज तक पहुँचाया है। उनकी अभिव्यक्ति यह बता रही है कि इसके रचयिता 'यथावादी तथाकारी' (जैसा कहे वैसा करे) के सिद्धान्त का अनुपालन करने वाले हैं। यह काव्य ग्रन्थ दार्शनिक प्रतिपत्तियों एवं अनुभव को एक तराजू पर रखकर लिखा गया है। यह वस्तुतः लेखन कार्य नहीं है इसे 'उदान' कहा जाता है, जो चित्त की उच्चतम अवस्था में स्वतः निःसृत होता है। ऐसा पालि त्रिपिटक में दो ग्रन्थों 'थेरगाथा' एवं 'थेरीगाथा' में प्राप्त होता है।

मैंने इस पत्र का शीर्षक 'एस धम्मो सनन्तनो का उद्घोषक काव्य मौक्तिकम्' इसलिए रखा है कि भारतीय मनीषी जो निर्वाणगामी मार्ग का उपदेश विभिन्न परम्पराओं के माध्यम से हज़ारों-हज़ार वर्ष से कर रहे हैं, उन्हीं का सूत्र रूप में प्रज्ञापन आचार्य श्री ने इस ग्रन्थ के माध्यम से किया है।

चूँकि मैं पालि का विद्यार्थी हूँ इस कारण से मैं इस ग्रन्थ के कुछ अवतरणों को पालि साहित्य अथवा बुद्धवचन के दृष्टान्तों के द्वारा यह बताने का प्रयास कर रहा हूँ कि एकः सद् विप्रा बहुधा वदन्ति। अर्थात् निर्वाण सनातन (Eternal) है और उसके प्राप्ति के उपाय कहने के तरीके अलग-अलग।

मैंने प्रारम्भ में यह कहा है कि मगध क्षेत्र श्रमणों का कार्यस्थल रहा है। श्रमण परम्परा ईश्वरीय सत्त का खंडन करती है। यहाँ गुरु परम्परा को अत्यधिक महत्त्व दिया गया है। सम्भवतः इन्हीं तथ्यों का प्रकाशन पुस्तक के प्रथम अभिव्यक्ति 'आशीष की चाह' में प्राप्त होता है। श्रमण परम्परा की एक और विशेषता है, वह है गुरु के प्रति अगाध श्रद्धा और विश्वास। इसीलिए पालि त्रिपिटक में कहा गया है कि 'तुम्हेहि किच्चं आतप्पं अक्खातारो तथागता।' तुम सिर्फ़ कर्म के द्वारा तप करो तारण का कार्य तथागत करते हैं।

'हे गुरुवर' शीर्षक में लेखक ने अपने आप को गुरु का प्रतिबिम्ब बताया है और कहा है कि–

जिसने भी मेरा परिचय पूछा,
मैं तेरा नाम बता बैठा
मैं तुझसे प्रीत लगा बैठा।

यह परम्परा गुरु और शिष्य के विलीनीकरण के भाव को प्रगट करती है जहाँ शिष्य-गुरु के व्योम में समाहित हो जाता है। इस प्रकार के सन्दर्भ मिलिन्द प्रश्न नामक पालि के ग्रन्थ में देखने को मिलते हैं।

सन्त को परिभाषित करते हुए आचार्य श्री ने जिन गुणों की चर्चा की है उसकी झलक हमें धम्मपद की निम्नलिखित गाथाओं में मिलती है–

सन्त तस्स मनं होति, सन्ता वाचा च कम्म च।
सम्मदा विमुस्स, उपसन्तस्स तादिनो।। (धम्मपद 96)

अर्थात् जो साधक पुरुष सम्यक् ज्ञान प्राप्त कर विमुक्त एवं उपशान्त हो गया है, उसका मन शान्त रहता है, वाणी संयत रहती है तथा उसके कायिक कर्म भी शान्त ही रहते हैं।

आगे धम्मपद में ही श्रमणों के गुणों को व्याख्यायित करते हुए कहा गया है कि–

बाहित पापोति ब्राह्मणो, समचरिया समणो ति वुच्चति।
पब्बाजय म नो मलं, तस्मा पब्बजितो ति वुच्चति।। (धम्मपद 388)

अर्थात् जिसने पापों को बहा दिया है वह ब्राह्मण है, जिसके आचरण समत्व को प्राप्त कर लिया है वह श्रमण है तथा जिसने अपने चित्त विकारों को नष्ट कर दिया है वह प्रव्रजित है। 'जीवन का उद्धार' शीर्षक में आपने शुद्ध चेतना को बताया है और कहा है कि अगर एक बार भी व्यक्ति शुद्ध चेतना से धर्म में अवस्थित हो जाये तब उसका बेड़ा पार हो जाता है। इन्हीं बातों को तुलसीदास ने रामचरितमानस में कहा है कि–

जन्म-जन्म मुनी जतन कराहीं

अन्त राम पुनि आवत नाही।

यहाँ राम उसी शुद्ध चेतना का द्योतक है।

पालि ग्रन्थों में कई बार, कई सन्दर्भों में ऐसा उद्धृत है कि भगवान बुद्ध के एक बार की देशना से उसे अर्हत्व-फल प्राप्त हो जाता है। ऐसा अंगुलिमाल के सन्दर्भ में भी हुआ था। भगवान के इतना कहने मात्र से ही ('अहं ठितोम्हि तुव मस्तिोसि') वह अर्हत पद में प्रतिष्ठित हो गया था। आगे आपने आठ तरह के पापों को नष्ट करके निर्वाण मार्ग को प्रशस्त करने की बात कही है। हिन्दू योग शास्त्र भी आठ अंगों से समुपेत होकर उन्हीं आठ विकारों के शमन की बात करता है तथा बौद्ध परम्परा में भी अष्टांगिक मार्ग उन्हीं आठों का विशोधन करता है।

इन्हीं बातों को दृष्टि पथ में रखकर मैंने इस आलेख का शीर्षक 'एस धम्मो सनन्तनो का उद्‌घोषक काव्य-मौक्तिकम्' रखा क्योंकि यह काव्य ग्रन्थ किसी धर्म अथवा सम्प्रदाय विशेष की बातों को प्रकट नहीं कर रहा है अपितु हज़ारों-हज़ार वर्षों से संचित भारतीय ज्ञान की मनीषा को प्रकट कर रहा है। अन्त में मैं यह कह सकता हूँ कि इस ग्रन्थ में आये एक-एक दार्शनिक प्रतिपत्तियों पर एक-एक ग्रन्थ कम पड़ेंगे। अतः यह शोध-निबन्ध सिर्फ़ इस ग्रन्थ को स्पर्श कर पाया है।

प्रो. विश्वजीत कुमार

प्रोफ़ेसर, पालि विभाग

नव नालन्दा महाविहार सम विश्वविद्यालय, नालन्दा

बन्धन से मुक्ति का शाश्वत् सन्देशक काव्य–'मौक्तिकम्'

भारतवर्ष भौगोलिक सीमा में निर्मित राज्यमात्र नहीं अपितु सांस्कृतिक रूप से वैभवपूर्ण राष्ट्र है जिसका गौरवपूर्ण अतीत रहा है। विश्व की प्राचीनतम संस्कृतियों में अग्रगण्य भारतीय संस्कृति की सुदीर्घ परम्परा मन्त्रद्रष्टा ऋषियों, तत्त्ववेत्ता मुनियों आदि के स्वानुभूत शाश्वत सत्यों से संचित निधि है। भारतीय सनातनी परम्परा के तीन स्तम्भ वैदिक धर्म, बौद्ध धर्म और जैन धर्म हैं। इन तीनों ने ही भारतीय संस्कृति को विश्वधारा बनाकर उदात्ततम रूप प्रदान किया है। इन तीनों आचार दर्शनों में श्रमण-जीवन की सर्वोच्चता स्वीकार की गयी है। मानव को दुखों से मुक्त कर परम पुरुषार्थ मोक्ष, निर्वाण, मुक्ति या कैवल्य की प्राप्ति ही इसका परम उद्देश्य रहा है। मगध का पूरा क्षेत्र इन तीनों संस्कृतियों की एकता और समन्वय का क्षेत्र रहा है। इनका आपसी वैमनस्य कभी नहीं रहा। एक ही परिवार के सदस्यों में से कोई वैदिक तो कोई बौद्ध या फिर जैन मतों के मानने वाले होते थे। आध्यात्मिक रूप से यह क्षेत्र इतना उर्वर था कि भगवान बुद्ध और तीर्थंकर महावीर दोनों ने अपने वैचारिक चेतना के प्रचार-प्रसार का क्षेत्र इस ज्ञान-भूमि को बनाया। वैदिक धर्म और ज्ञान की भूमि तो यह अनादि काल से रही थी।

काव्य एवं धर्म दोनों का घनिष्ठ सम्बन्ध है। दोनों आनन्द रूप रस के निव्यन्दक हैं। दोनों ही अपनी उदात्त भावनाओं से मानव-जीवन को अभिभूत कर उसे परम तत्त्व की ओर उन्मुख करते हैं। दोनों का लक्ष्य है सद्गुण एवं

सदाचार के संचार द्वारा जन-जीवन में सुख एवं शान्ति की स्थापना करना। धर्म मानव के समस्त आचार-विचार, व्यवहार सदाचार आदि का नियामक है, मानवीय उदात्त भावनाओं, उसके भक्तिपूर्ण विचारों तथा पुण्य-क्रियाओं का समन्वित रूप है। सरलता, सरसता एवं मृदुता से परिप्लावित काव्य को धर्म का वाहक कहा जा सकता है। कवि के द्वारा जो रचना की जाती है, वही काव्यपद से अभिहित होती है—**कवयतीति कविः तस्य कर्म काव्यम्।** काव्य कष्ट अपने सरस वर्णनों से कर्तव्याकर्तव्य का ज्ञान कराकर सन्मार्ग में प्रवृत्त होने का सन्देश देता है। रस-प्रधान यह शैली कान्तसम्मित शैली है—**कान्तसम्मिततयोपदेशचुनजे।** (मम्मट, काव्यप्रकाश, प्रथम उल्लास प्रथम कारिका) सद्काव्यों से अमृत की वह धारा प्रवाहित होती है जो मानव-जीवन का परम प्रयोजन है, जिसे निर्वाण, मुक्ति, परमतत्त्व, परमानन्द आदि संज्ञाओं से अभिहित किया जाता है। श्रद्धेय मुनिश्री विशल्यसागर जी महाराज विरचित **मोक्तिकम्** कोई साधारण काव्य नहीं अपितु नित्य ज्योति है, पुरावाक् है। जिसका साक्षात्कार मुनिश्री ने अपने दिव्य चक्षुओं से पुण्य-तपस्या के परिणामस्वरूप किया है। मौक्तिकम् उनके अन्तःकरण का प्रवाह है। उनके द्रवीभूत अन्तरात्मा का निष्पन्द है। सन्तप्त मानव के सन्ताप का अपनयन तथा प्राणिमात्र की आर्त्ति का सर्वदा के लिए समापन ही इस रचना का लक्ष्य प्रतीत होता है। मोक्षधर्म के सार से परिपूर्ण यह काव्य शान्ति प्रदान करने के लिए है, न कि आनन्द के लिए। इस काव्यरत्न का निर्माण काव्यानन्द या विद्वता प्रदर्शन के लिए नहीं हुआ है अपितु सांसारिक विषय-वासना के उपभोग में लिप्त मानव का चित्त जैन धर्मानुकूल मुक्तिमार्ग की ओर आकृष्ट करने के लिए हुआ है। मानव के हित एवं कल्याण के लिए विरचित मौक्तिकम् काव्य का फलितार्थ है—सभी प्रकार के दुखों की निवृत्ति।

अत्यन्त प्राचीन काल से ही भारतीय महर्षियों, यतियों, मुनियों, मनीषियों ने अपना समस्त जीवन उस परम सत्य के अन्वेषण में लगाया जिससे मानव-जाति का कल्याण, मुक्ति, परमपूर्णता की प्राप्ति हो सके। उनका उद्देश्य मानव को दुविधा, द्वन्द्व, वेदना आदि से मुक्त कर उनके भीतर शान्ति की स्थापना करना तथा आध्यात्मिक उन्नति का मार्ग प्रशस्त करना था। मुनिश्री विशल्यसागर जी महाराज ने **'सफ़र मोक्ष का'** कविता में अभिव्यक्त किया है कि जीवन एक सफ़र

(यात्रा) है जो पापोदय से दुखी और पुण्योदय से सुखी होता है किन्तु मानव को इन दोनों से ऊपर उठकर परमप्राप्तव्य मोक्ष को प्राप्त करना है–

ऊपर उठो, जागो, उक्त निज में झाँको,
तुम्हारा अन्तिम सफर मोक्ष।

बौद्धधर्म में इसी भाव को समता या उपेक्षा भाव कहा गया है जहाँ न सुख में सुख की अनुभूति है, न दुख में दुख की।

पुनः **'रे चेतन जागो'** में कहते हैं कि वासना और कामना रूपी भोग और मोह का द्वार तोड़ो। मन को स्वच्छ कर मुक्ति की कामना करो। भोग महारोग है, जबकि योगी का योग सुख, शान्ति और आनन्द का संयोग है–

भोग रोग। महारोग
दुखों का संयोग
अशान्ति का नियोग
जबकि
योगी का योग
मुक्ति का अनुयोग
समसमता का प्रयोग
सुख-शान्ति-आनन्दयुक्त त्रियोग

(भोग-योग कविता)

भारतीय परम्परा में आचार के प्रतिपादक ऋषि और मुनि रहे हैं। जैन परम्परा में भी तीर्थंकरों के उपदेशों को विद्वान् मुनियों ने ग्रहण कर जैन आचार का प्रतिपादन किया है। इस आचार का केन्द्र बिन्दु आत्मा है, समता इसकी विशेषता है। इसका मूल लक्ष्य मोक्ष है। आत्मा का समस्त कर्मबन्धनों ने छूट जाना ही मोक्ष कहा गया है। इस अवस्था में आत्मा के अनन्तज्ञान, अनन्तदर्शन, अनन्तसुख, अनन्तवीर्य आदि स्वाभाविक गुण विकसित हो जाते हैं। सम्यक् दर्शनपूर्वक ज्ञान प्राप्त कर एवं तद्नुसार आचरण कर जीवन के अन्तिम लक्ष्य मोक्ष को प्राप्त किया जा सकता है। महाराज जी कहते हैं कि मानव स्वयं एक मन्दिर है। इस मन मन्दिर में हमें संयम, तप आदि से युक्त दीपक जलना है। अन्तर्मन में शान्ति तभी विराजेगी, जब हम समता के भाव से युक्त होंगे–

मानवता के मन मन्दिर में, संयम का दीप जलायें।
अन्तरबोध उजागर करके, आनन्द अमृत से भर जायें ॥
भीतर की नीरवता पाकर, समता रस की बीन बजाये।
अपने मन की परम शान्ति को, मृत्युंजयी का पथ अपनाये ॥

विजय-पराजय, लाभ-हानि में समत्व दृष्टि होकर, हर्ष-शोकादि के भावों का त्याग कर हम समाधि की अवस्था को प्राप्त करते हैं। ईशावास्योपनिषद् में कहा गया है–**तत्र को मोहः कः शोक एकत्वमनुपश्यतः** (मन्त्र संख्या-7)। इसे ही बौद्ध धर्म में सम्यक् दृष्टि कहा गया है। यह आत्मा तभी प्रसन्नता की अनुभूति करती है, जब मनुष्य समाधिस्थ होता है–

आने-जाने, जीने-मरने की मिटा अपनी व्याधि।
लगा एकान्त होकर समाधि, तू पा जायेगा निज का आदि।

मुनिवर ने **संन्यास** कविता में संन्यास का सही अर्थ बताते हुए लिखा है कि संन्यास सृष्टि से नाता तोड़कर वनोन्मुख होना नहीं है, बल्कि कर्म-क्षरण की वह निधि है जो संयम, समत्व, अहं का त्याग आदि से युक्त अन्तर्मुखी दृष्टि है।

मौक्तिकम् काव्य का विषय सभी प्रकार के दुखों की निवृत्ति का उपाय अहिंसा, सत्य, अस्तेय, ब्रह्मचर्य, अपरिग्रह, शौच सन्तोष आदि की साधना है। ये सब नैतिक और आचारिक साधना से सिंचित जीवन-चर्चा के अनिवार्य अंग हैं। यहाँ 'ज्ञान की परिणति आचार में' स्वीकार किया गया है। **'रे चेतन...जागो'** कविता में गुरुवर ने लिखा है कि वासना, कामना, मोह, मिथ्या, अहंकार, विषयों के मद आदि के त्याग के बिना भक्ति, आस्था रूपी प्रकाश की प्राप्ति सम्भव नहीं। निर्वाण एवं योग को ही भोग-पथ बनाने पर मुक्ति की प्राप्ति सम्भव है। भौतिकता क्षणिक सुख देकर प्राणी को कर्मों की बेड़ी में बाँध देते हैं, जिससे उनके पतन के सिवा कल्याण नहीं होता–

भौतिकता की तपन, स्वयं का निरन्तर
कर रहा है पतन-पतन-पतन ॥

इन्द्रिय सुख से परांमुख होने पर ही हम उस अतीन्द्रिय सुख की अनुभूति करने में समर्थ हो पाते हैं, जो आनन्दस्वरूप मात्र है--ऐसी अभिव्यक्ति महाराज जी ने

'अतीन्द्रिय सुख' कविता में दी है। जैसे-जैसे तत्त्व-ज्ञान की प्राप्ति होती जाती है, वैसे-वैसे सुलभ होने पर भी विषय भोग के प्रति विराग का भाव जाग्रत होता जाता है। विषय भोग कालकूट विषवत् प्रतीत होने लगते हैं।

शील-पालन की देशना महाराज जी की अनेक कविताओं का निहितार्थ है। संसार में शील ही श्रेष्ठ है, प्रज्ञा ही उत्तम है। मनुष्यों और देवों में शील और प्रज्ञा से ही वास्तविक विजय होती है (थेरगाथा 1.70) दीघनिकाय में कहा गया है—जहाँ शील है, वहाँ प्रज्ञा है और जहाँ प्रज्ञा है, वहाँ शील है (दीघनिकाय 1.4.4)। जो ज्ञान और आचरण (शील) दोनों से समन्वित होता है, वही सभी देवताओं और मुनियों में श्रेष्ठ है (मज्झिमनिकाय 2.3.5)। जैन चिन्तकों ने भी आचार और ज्ञान से समन्वित उपदेश दिये हैं। **सम्यक ज्ञान** चेतना के ज्ञानात्मक पक्ष को सत्य की उपलब्धि की दिशा में ले जाता है। **सम्यक् दर्शन** चेतना के राग-द्वेषात्मक तनाव को समाप्त कर आनन्द प्रदान करता है और **सम्यक् चारित्र** अर्थात् शील सम्पन्न आचार हमारे संकल्प को कल्याण के पथ पर अग्रसारित कर शिव की उपलब्धि कराता है। इन्हीं **सम्यक ज्ञान, सम्यक् दर्शन** और **सम्यक् चारित्र** (शील) को अत्यन्त ही सरल, सरस और सुबोध शैली में मुनिश्रेष्ठ विशल्य सागर जी महाराज ने अपनी कविताओं में उन्मेषित किया है।

काव्य की मुक्तक शैली में विरचित इस काव्य-प्रबन्ध को महाराज जी ने स्वान्तः सुखाय न रचकर जगत्-प्राणियों के कल्याणार्थ रचा है। 'मौक्तिकम्' में ऐसी-ऐसी उदात्त भावों से पूर्ण कविताएँ हैं जिनसे शिक्षा प्राप्त करके मनुष्य अध्यात्म के सर्वोच्च शिखर पर प्रतिष्ठापित हो सकता है। इनमें मानव-जीवन को सुखमय तथा कल्याणकारी बनाने की दृष्टि से पूर्ण आचार-विचार के पालन का निर्देश तो किया ही गया है, साथ-ही आध्यात्मिक साधना के बाधक अनेक निन्दित विचार और कर्मों से दूर रहने का निर्देश भी दिया गया है। बन्धन सभी भारतीय दर्शनों का प्रमुख प्रत्यय है जो दुखरूप है। भारतीय चिन्तन के अनुसार नैतिक जीवन की समग्र साधना बन्धन या दुख से मुक्ति के लिए है। आत्मा का अनात्म से, जड़ का चेतन से, देह का देही से संयोग ही बन्धन है। राग (आसक्ति), द्वेष और मोह (अज्ञान)-बन्धन के तीन मूलभूत कारण हैं।

मोह अथवा अज्ञान के कारण ही राग या आसक्ति और द्वेषयुक्त आत्मा कर्म-बन्धन में बन्धती है और उसके पूर्व कर्म संस्कारों के कारण बन्धन की प्रक्रिया अविराम गति से चलती रहती है। जैनमत में **सँवर** और **निर्जरा** के पालन से बन्धन की समाप्ति सम्भव है। सँवर से नये कर्मरूपी आस्रव रुक जाते हैं, जबकि पूर्व से बँधे हुए कर्म-बन्धनों (ज्ञान, ध्यान, तपस्या आदि) से आत्मा का अलग होना निर्जरा है। बौद्ध परम्परा में भी ज्ञान को मुक्ति और अज्ञान को बन्धन का कारण माना गया है। अविद्या महामोह है, जिसके वशीभूत होकर जीव का संसार में आवागमन होता है। जो विद्या से युक्त हो जाते हैं, उनका जन्मचक्र छूट जाता है (सुत्तनिपात 38/6-7)। ज्ञान और प्रज्ञा से युक्त प्राणी निर्वाण के समीप होता है (धम्मपद, गाथा 372)। ईशावास्योपनिषद् में भी वर्णित है—**विद्ययामृतमश्नुते** (मन्त्र संख्या 11)।

मुनिश्रेष्ठ विशल्यसागर जी महाराज ने जैन तीर्थंकरों के कठोरतम तपस्या द्वारा प्राप्त मुक्ति अथवा आत्मकल्याणार्थ केवल ज्ञान को सुबोध भाषा में लिपिबद्ध कर जन-जन तक इस काव्य-मौक्तिकम् के माध्यम से पहुँचाने का साधु कार्य किया है। जैन धर्म की धर्मसाधना हमारे अन्तर्मन को शोधित करने का मार्ग है, जिसका दिग्दर्शन 'मौक्तिकम्' काव्य में सान्त दृष्टिगत होता है। इसमें संगृहीत सभी कविताएँ अन्तस् की उद्‌बोधिका हैं। परमात्मा के पावन सान्निध्य को वही साधक प्राप्त कर सकता है जो मनसा, वाचा, कर्मणा—सभी दृष्टियों से वीतरागी हो गया है। इस अनुपम काव्य-रत्न को श्रद्धापूर्वक जीवन में उतार कर बन्धन से मुक्ति सम्भव है, परम प्राप्तव्य का साक्षात्कार सम्भव है। इस ग्रन्थ को रचित कर जन-जन तक जैन-सिद्धान्तों को अत्यन्त सरल पद्धति से पहुँचाने के लिए मानव जगत् कल्पान्त तक मुनिश्रेष्ठ विशल्यसागर जी महाराज का ऋणी रहेगा।

प्रो. रूबी कुमारी
प्रोफ़ेसर, संस्कृत विभाग
नव नालन्दा महाविहार सम विश्वविद्यालय, नालन्दा

'मौक्तिकम्' : मोतियों की आभा

धर्म को छोड़ा मानो भगवान् को छोड़ा। धर्म-ध्यान करना ही जीवन का असली बीमा कराना है। जहाँ न सरकार का प्रवेश, न समाज का, धर्म का काम वहीं से प्रारम्भ होता है। धर्म, मानव-प्रकृति का आभ्यन्तर तत्त्व है। 'स्व' में एकता का अभिप्राय धर्म है। 'स्व' यानी आत्मा की ओर उन्मुख, नितान्त एकाग्रता और उत्साहपूर्वक उसमें रमण, सत्यार्थ-परमार्थ में लीनस्थ हो जाना। श्री कुन्दकुन्दाचार्य ने आत्मा को अरूप, अगन्ध, अव्यक्त, अशब्द, अरस, भूतों के चिन्हों से अग्रास, निराकार तथा चेतना गुणवाला अथवा चैतन्य माना है। जैन धर्म की विराटता एवं प्राचीनता सर्वविदित है।

'जिन' वह है जिसने 'स्व' पर विजय हासिल कर ली है। 'महावीर' वह है जिसने अपनी अन्तःप्रकृति से संघर्ष किया हो और उसे वशीभूत कर लिया है।

जैनधर्म की धर्म-साधना, जीवन की अन्तरंग साधना है। अतएव जैन साधना हमें अन्तस्थल का शोधन करने की प्रेरणा देती है। आत्मा के शुद्ध स्वरूप में विचरण करना ब्रह्मचर्य है। ब्रह्मचर्य-व्रत, सदाचार जीवन की नींव है।

सूत्राङ्ग सूत्र में कहा है–

'तवेसु वा उत्तमं वम्भचेर'–ब्रह्मचर्य सब तपों में श्रेष्ठ तप है।

'अधुना समन्तभद्र' हैं–'मौक्तिकम्' के रचयिता एवं मेरे परमाराध्य मुनिश्री विशल्यसागरजी महाराज, जिन्होंने निष्णात अन्तरंग में अवगाहन कर के, भाव-मुक्ताओं को भास्वर कर, श्रावकों का कल्याण किया है।

कविता की लय में नहीं नाद में रमें। आकाश में बिखरे तारागणों की अस्तव्यस्तता का नहीं, प्रकाश का अनुगम्य करें।

यों तो 'जड़-संगम' अपने में विराट् काव्य है, जिसने उसे पढ़ा-समझा उसी ने जीवन-जगत को जान लिया। यहाँ तक कि अपने को समझने से पहले, उसने बाह्य स्वरूप को देखा है; जीवन-बोध प्राप्त किया है। चिड़ियों की चहचहाहट तथा लहरों का कल-कल मूक कविता ही है। मुनिश्री ने कविता शब्द कम, अर्थ ज़्यादा उड़ेले हैं। उनके काव्य में शब्द-सौन्दर्य भले ही कम दिखे किन्तु अर्थ-सौन्दर्य की अलौकिक छटा, जीवन को असीम से ससीम की ओर आकृष्ट करती है।

उनमें समाया अमर सन्देश, शाश्वत प्रकाश किंवा सिद्ध-सोपान का पथ, ध्यातव्य है।

कविता का हर अर्थ, आपका ही स्मरण कराता है। 'अच्छे विचारों पर यदि आचरण न किया जाये तो वे अच्छे स्वप्नों से बढ़कर नहीं।'

शाश्वत, अखण्ड तथा प्राकृतिक रूप से आत्मलीनता की अवस्था ज्ञान है। आत्मलीनता के लिए आत्मा से प्रेम करना होगा क्योंकि भगवान् वस्तुतः आत्मा हैं और वही भक्ति है। जाने हुए विषय न भूलना स्मृति है, चित्त की एकाग्रता समाधि है और ज्ञेय का ज्ञान प्रज्ञा है।

कृति में सर्वव्याप्त आत्मोद्धारक विषय जैसे–'करो स्वध्यान', 'दृष्टि', 'भौतिकता से पतन', 'पतन के गर्त में', 'अहं की परिणति', 'विचार करो' 'मुक्तिबन्धु', 'सही जीना', 'आत्ममन्थन', 'गले लगाओ', 'पाओ मुक्ति', 'वासना नहीं साधना', 'आस्था की गहराई', 'ऐसे गुरुवर' आदि तरण तारक हैं।

बस, ये भाव-स्वभाव तभी अनुगम्य होंगे, जब ज्ञाता-ज्ञेय पर अटूट श्रद्धा हो। सन्त विनोबा के अनुसार–'सद्विचार पर बुद्धि स्थिर रखने का नाम ही श्रद्धा है। यही श्रद्धा मनुष्य को बल देती है, सब तरह से प्रेरणा देती है और जीवन को सार्थक बनाती है।'

अस्तु, स-श्रद्धा कृति को पढ़ा-समझा और मनन किया जाये, तभी फलश्रुति की प्राप्ति होगी।

अमूल्य मुक्ताओं की मणिमाला

दृष्टि
ज्ञानी की दृष्टि,
किसी चेतन की
सृष्टि पर रहती है,
और
अज्ञानी की दृष्टि, मात्र
पुद्गल पर।

ज्ञान–सम्पन्न मुनि ने अपने को जानने के लिए, सम्यक् ज्ञान को पाने और सम्यक् चरित्र की ऊँचाइयों तक पहुँचने के लिए, तीर्थंकरी दृष्टि–विश्ववारा दृष्टि का नैष्ठिक प्रतिपादन किया है। समग्र सच्ची कला आत्मा की अभिव्यक्ति है। आत्मा को जानने के लिए ज्ञान भोजन के समान है। ज्ञान के नेत्र खोलना है, केवल वाणी के गुलाम नहीं बनना है। ज्ञान-दृष्टि पुरुषार्थ को कहते हैं।

देह के लिए कभी-कभी उपवास की ज़रूरत है, ज्ञान के लिए उपवास की ज़रूरत नहीं। शरीर को रोज धोते हैं, वैसे ही हम आत्मा को स्वच्छ रखेंगे। मुक्ति की दृष्टि पाने के लिए, सन्त की दृष्टि चाहिए।

हृदय की अज्ञान गाँठ खुल जाना ही मुक्ति है। सन्त-महिमा का बखान, समवसरण में तीर्थंकरदेव ने भी किया है। अस्तु, जो धर्म की शोभा हैं–उन गुरुचरणों में बैठ, कल्याणी दृष्टि प्राप्त की जा सकती है।

भौतिकता से पतन
कर्मों की बेड़ी में जकड़कर,

वे अपनी जात/कृत्यों की बात,
अनेक दुखों के साथ बता देते हैं।

वैराग्य-भावों को अपनी आत्मिक वाणी से निःसृत करने में समर्थ श्रेष्ठ मुनिदेव के अनुसार कर्मों का आशय है–आत्मानुसन्धान, आत्मपूरण, और आत्मसिद्धि; कोई लौकिक अथवा पारलौकिक फल नहीं। अपनी ही उच्चतम और अंस्तम सत्ता का अनुसन्धान करना और उसी में रहना, कर्मों का महत्तम परम विधान है। मनुष्य की चेतना को नियम की चौखट में नहीं कसा जा सकता। वह है, आत्मसत्ता का आन्तरिक 'सत्त्व'। कर्म की सार्थकता फल में नहीं, कर्मण्यता में है। जब तक कर्म नहीं टूटेंगे, व्यक्ति टूटता ही रहेगा। मिट्टी के खिलौने की तरह, इस देह से टूट-टूट कर, मिट-मिट कर, पुनः-पुनः नयी देह ग्रहण करता रहेगा।

कुछ व्यक्ति हैं जो सन्त-समागम के बाद भी आत्मस्वरूप को नहीं जान पाते। वस्तुतः कर्मों की गति गहन है। गीताकार की दृष्टि में–दीप के जलते धुएँ के आवरण में, कर्म के जाल फँसे रहते हैं।

अपने अन्दर चैत्य अग्नि प्रज्ज्वलित की जानी चाहिए, जिसमें हर चीज़ परमात्म भाव से स्वाहा कर देनी चाहिए। यहाँ गीताजी का कथन अपने मत समर्थन में प्रस्तुत है–"जिसका अन्तःकरण और इन्द्रियों सहित शरीर जीता हुआ है, जिसने समस्त भोगों की सामग्री का, संग्रह-वृत्ति का परित्याग कर दिया है, ऐसा आशा रहित (उद्विग्नता से मुक्त) व्यक्ति, केवल शारीरिक कर्म करता हुआ भी किसी प्रकार के पापों को प्राप्त नहीं होता।" (आवश्यकता नहीं, सहमति की)

अस्तु, भौतिकवाद में, लौकिक दुनिया की चकल्लस में उलझना ही जीवन गँवाना है।

अहं की परिणति

मैं सच कहता हूँ
जब अहंता का रंग
बुद्धि पर चढ़ता है, उसी क्षण मन,
परस्पर की ईर्ष्या से, भरता है-सड़ता है,
साधमह्न सजाति में,
ऐंठा दीखने के भाव करता है।

अहं का स्वभाव है—जहाँ पुष्टि मिलती है, वहाँ आगे रहता है। केवल अहंकार को ही दूसरों में अहंकार देखकर धक्का लगता है। आदमी नामवरी की चाह में, अकड़ में जी रहा है। क्या दम है—नाम की अमरता में! कौन जानेगा यह किसका नाम है?

जरा सोच! जो प्राप्त है, वह भाता नहीं, जो भाता है—रहता नहीं।

अतः, सद्गति पाने के लिए सन्त के चरणों में गिरो, चोट न लगेगी। तिरस्कार/पुरस्कार से निस्पृह हो जा और प्रतिष्ठा को सूकरी विष्ठावत् समझ। झुकने से मिलता है और अकड़े रहने से मिटना पड़ता है। अपने भीतर अमृत का दरिया है और आप नाली का पानी पीने में मजा ले रहे हो। अहं का विसर्जन ही अर्हन्त का प्रकटीकरण है। याद रहे अहंकार अकेला नहीं आता। अहंकार अपने साथ कितने ही संकटों-अवगुणों की फौज लेकर आता है। हवा में उड़ता हुआ तीर भी धरती पर आ गिरता है, फिर हम अहंकार के घोड़े पर क्यों सवार हों?

सही जीना

मृत्यु भी आती है। आयेगी,
जीवन मिला है, मिलेगा भी,
फिर भी यदि चाह है,
मुक्ति की, तो बढ़ो उस राह पर,
जिस पर ऋषि-मुनि यति बढ़े।

चट्टान रास्ते में बैठी थी। नदी का प्रवाह रोककर बोली, "बहिना थोड़ी देर सुस्ता लो। यह दुनिया कृतघ्नों से भरी है। तुम्हारी उदार तत्परता की कोई सराहना तक न करेगा।" नदी ने चट्टान की सद्भावना को सराहा तो, पर रुकी नहीं। बोली, "मुझे चलने में जो आत्मसन्तोष मिलता है, वही क्या कम है, जो लोगों की कृतज्ञता-कृतघ्नता को देखने का प्रयत्न करूँ ! मेरा धर्म तो सतत् चलते रहना ही है—विसर्जन तक; मुकाम तक।"

मुक्ति पाने के लिए, कृपालु कृतिकार, चेतना के कान खोल रहा है। जीवन के इस घोष को सुनो। उद्देश्यहीन, अर्थहीन, तथा लयहीन जीवन को रससिद्ध बनाओ और परमात्म पद के अधिकारी बनो। स्वयं को जानो यानी

आत्मदर्शन की गुरु-सीख स्वीकारो। मृत्यु का श्रद्धान, मुक्ति का सोपान है। मृत्यु अतिथि और जन्म रोग है। जिसने जीवन के मर्म को जान लिया, वह मृत्यु को नहीं जानता और जो मृत्यु से डरा-सहमा है, वह जीवन को नहीं जानता।

आओ! सन्त के पास।
नेता का साथ बुरा, न जाने कब मिटा दे।
सन्त का साथ अच्छा, न जाने कब मिला दे॥

आत्ममन्थन
अरे पगले!
जड़ का मन्थन नहीं
आत्म-मन्थन करो।
रमो! निज में, जड़-तज।

विद्वान गुरुश्रेष्ठ का आशय है कि आत्मा न तो नाशवान् शरीर है, न इन्द्रियाँ, न जीवन, न मानस या मनीषा। हम इसे अध्यात्म-चिन्तन से नहीं, आध्यात्मिक आचरण से अनुभव कर सकते हैं। चेतना की सुदृढ़ता बिना सत्यानुभूति असम्भव है। इसके लिए हमारा आन्तरिक रूप से सम्पूर्ण और स्वतन्त्र होना अनिवार्य है। ईश्वर हमारे अन्दर है। अतः, जब तक दृष्टि बाह्य से अन्तर तक की ओर प्रवृत्त नहीं होगी, तब तक उसे पाना सम्भव नहीं है।

भद्रबाहु श्मशान होकर निकल रहे थे। एक मृत युवक को चिता पर उसके सम्बन्धी ही रख रहे थे। भद्रबाहु ने आश्चर्य से पूछा, "कुरूप था क्या वह? सुन्दर को तो सभी सँभालकर रखते हैं।" उपस्थितजनों में से एक ने कहा, "वह त्वचा ही सुन्दर किन्तु कुरूप है। भीतर सबके रक्त-मांस जैसी घिनौनी वस्तुएँ ही भरी हैं।" (श्वेताम्बर मतानुसार)

"सुन्दर तो आत्मा है, सो उसे कोई शत्रु या सम्बन्धी नष्ट नहीं कर सकता।" शंका का समाधान हो गया।

सन्त स्वयं ही सोचता है, मैं तो अपरिग्रही हूँ, फिर भला कमाऊँ क्यों? आत्मा ने तत्काल कहा, "जो अपरिग्रह-परिग्रह का दास हो, उसका परिग्रही होना ही अच्छा है।"

पाओ मुक्ति

जगाओ निजत्व शक्ति
करो निजात्म भक्ति
लगाओ विराग बन,
विराग जलधि में डुबकी।

"अपने को सुनो, अपने बारे में जानो, अपने को देखो और अपने बारे में मनन-चिन्तन करो।" वस्तुतः हम अपने को शरीर मानकर, जीवन की उन गतिविधियों का निर्माण करते हैं, जिनसे केवल शरीर का ही यत्किंचित स्वार्थ सिद्ध होता है।

आत्मा के हित और कल्याण के लिए, हमारे जीवनक्रम में प्रायः नहीं के बराबर स्थान रहता है। यदि हम अपने को, आत्मा और शरीर को, उसका एक वाहन/औजार मात्र समझें, तो सारा दृष्टिकोण ही बदल जाय। समस्त गतिविधियाँ उलट जायें। हम आत्मा के हित-लाभ और कल्याण को ध्यान में रखकर, अपनी नीति-रीति निर्धारित करें।

ऐसी दशा में हमारा स्वरूप न नर-पशु जैसा रह सकता है और न नर-पिशाच जैसा। तब हम विशुद्ध नर-नारायण के रूप में परिलक्षित होंगे, देवत्व हमारे रोम-रोम से फूट पड़ रहा होगा और हम विरागजलधि में डुबकी लगा रहे होंगे, विराग की वंशी सुन, ध्रुवपद की ओर उन्मुख होंगे।

वासना नहीं साधना

वासना की जीवन-परिधि
अचेतन तन है, स्वयं का कफ़न है,
जिसमें अनवरत पतन है।

वासना का विनाश, उपासना से होता है। जिसके अन्दर वासना है, वह मन्दिर में भी पाप करता है। वासना, बास जैसी सूक्ष्म है। अपनी वासना पर काबू पाना, सबसे उदात्त साहस है। जो स्वयं को पहचानते हैं, वे निश्चय ही अपने मन पर नियन्त्रण रख सकते हैं। चित्त की अचल विमुक्ति ही श्रेष्ठ जीवन का असली उद्देश्य है और इसके लिए विचारों को पवित्र बनाना चाहिए। पवित्रता का अर्थ है–

अन्य किसी प्रभाव को नहीं, केवल परमात्म के प्रभाव को ही स्वीकार करना। हमेशा ज़्यादा अच्छा, हमेशा आगे।

दुर्बल मानव सुन्दरता से हिल जाता है,

उसका पाप-कुसुम चुपके से खिल जाता है।

हम सबने सुना है, शक्ति, विवेकी मनुष्य को बिगाड़ती है। इन्द्रियों से मिलने वाली यह शक्ति भी मनुष्य को बिगाड़ती है। इन्द्रिय-सुखों के वशीभूत होकर मनुष्य, इन्द्रिय-असंयम की ओर प्रवृत्त होता है। आत्मनियन्त्रण के लिए, गुरुदेव की शरण लेनी होगी। वासना, विष के समान है। सत्यंधर जैसे बुद्धिमान राजा, वासना के कारण, असमय में मृत्यु को प्राप्त हुए।

जैनेत्तर पुराणों के अनुसार–विश्वामित्र जैसे तपस्वी और इन्द्र देवता, वासना के व्यभिचारी और तप-भ्रष्ट होने के कारण पातकी बने।

मन को वासना रहित कर, उसे प्रकाश युक्त, बलवान और शुद्ध करके ही व्यक्ति सत्ता की सच्ची प्रगति में सहायता दे सकता है।

अतः, परमात्म की ओर उन्मुख होने से पूर्व, अपने वासना जन्य जीवन को सन्त के चरणों में खुलासा कर दो, तभी हृदय में सद्विचारों को ठौर मिल सकेगा।

रे चेतन जागो

त्यागो कामना के प्रस्तर,
वासना-बिस्तर,
आ रहा नया भोर,
लेकर नया भक्ति-शोर।

'सभक्ति-सश्रद्धा समर्पित तपः पूत सद्गुरुनाथ'–मुनि अपने भक्तों को कल्याणक वाणी में 'कृति' के माध्यम से सर्वत्र जगा रहे हैं। वस्तुतः, भगवान महावीर के आत्मवाद; धर्म-दर्शन का प्रचार-प्रसार करने का सम्पूर्ण श्रेय मुनि-परम्परा को है। जिनधर्म के फैलाव में आने वाली कठिनाइयों, परीषहों, विरोधियों के वितंडावादों को सहन करते हुए, विरोध को भी विनोद का रूप देते हुए, श्रमण मुनिप्रवर अपने कदम बढ़ाते रहे हैं/बढ़ाते जा रहे हैं।

उनका सन्देश है–आत्मन! संसार-कीचड़ में मत फँस, आत्म साधना की राह पकड़, इसी में तेरा हित समाया है।

गुरुवर! भोगों की नश्वरता, संसार की असारता तथा देह की क्षणभंगुरता से हमारा उद्धार करने में आप ही समर्थ हैं।

"अहो दुःक्खो हु संसारो।" संसार दुखमय है। जब हम सूर्यास्त के अनुपम सौन्दर्य को अथवा चन्द्रमा की अनोखी शोभा को निहारते हैं, तभी चेतन-प्रकाश की अनुभूति होने लगती है।

अतएव सांसारिक लाभ का रास्ता छोड़, निर्वाण का रास्ता ही श्रेयस्कर है। इन्द्रियों पर विश्वास मत करो।

मन का विश्वास तो कभी मत करो। जिसकी इच्छा शुद्ध, उसकी क्रिया भी शुद्ध। आओ भोगों को छोड़, नये भोर की ओर बढ़ें।

तुझसे प्रीति लगा बैठा

तू चाहे रोगी कह ले
या मस्ताना जोगी कह ले,
मैं तुझे प्यार करते-करते,
अपना होश जब गँवा बैठा।

शान्तात्मा/जितात्मा या कहें ज्ञान-ज्ञेय सन्त की महिमा का बखान जग जाहिर है। सर्वमान्य है। यदि सन्त हमारे भावों में उतर आयें तो अभाव स्वतः विदीर्ण हो जाते हैं। इसके लिए शर्त है अपने को गुरु-चरणों में सौंप देना; मनसा, वाचा और कर्मणा उनका ही हो जाना।

कबीरदेव की यह पंक्ति स्मरण हो उठती है–

हमन है इश्क मस्ताना, हमन को होश यारी क्या।

इश्क यानि श्रद्धा-प्रेम इतना कि श्रद्धेय के रंग में रंग जाना।

जोश और होश का सम्बन्ध, मणि-कांचनवत् होना चाहिए।

कृतिकार मुनिश्री, अपने चित्स्वरूप, तारणहार तथा सदैव वन्दनीय सद्गुरुराज आचार्यश्री विरागसागरजी के जिन भावों में रसमय हो चुके हैं और वे प्रसिद्धि के विष से दूर, बहुत दूर हो चुके हैं अर्थात् पुरस्कार/तिरस्कार से मुक्त हैं। उन्होंने ही 'बूँद से सागर' में पाठकों को श्रमण रससिद्धि की ओर उन्मुख किया है। हक़ीक़त में सन्त ही हमको-हमसे मिलाने में समर्थ होता है। विग्रह गुरुदेव भगवतकृपा का

परिवर्षण कर, भव रोग की अग्नि को शान्त करके, जगत का उद्धार कर देते हैं। गुरु ही ऐसा घर बना सकते हैं, जिसमें शान्तिपूर्वक सारा संसार रह सके।

गुरु ही धर्म की मीनार होते हैं–

गुरु बिनु ज्ञान न ऊपजे, गुरु बिनु मिले न भेद।
गुरु बिनु संशय न मिटे, जय-जय-जय गुरुदेव।

गुरुचरण भ्रमर, उग्रसेन भैयाजी
व्याख्याता हिन्दी (भिण्ड)

भावों की अभिव्यक्ति

मुनि श्री विशल्यसागर जी महाराज द्वारा लिखित कृतियाँ अपने आपमें मौलिकता लिए हुए हैं। आपकी एक-एक कृति में विश्व-कल्याण की भावना समाहित है। ऐसा प्रतीत होता है, कि मानो 'माँ सरस्वती' ने आपकी लेखनी को वरदान से सुशोभित किया है। क्योंकि वह जिस विषय पर चली तो चलती ही गयीं। आपकी शब्द-चयन शैली, भावों की अभिव्यंजना, विषय की गूढ़ता, अपनी नयी चमक, नयी आभा के साथ पाठक के हृदय की गहराई में उतर गयी। एक-एक शब्द में सागर की विशालता है, जो उसकी अथाहता को इंगित करता है।

श्रीमती अनिता जैन

व्याख्याता हिन्दी, गैरतगंज (रायसेन)

सूक्ति-रत्न

सत्संगति

- ❐ सज्जनों की संगति से शुभ की प्राप्ति होती है।
- ❐ सत्संगति से बढ़कर अन्य हितकर नहीं है।
- ❐ शुद्ध पदार्थ के आश्रय से बुरा भी अच्छा हो जाता है।
- ❐ कुसंगति में रहकर जीने से मनुष्यों का मरना अच्छा है।
- ❐ कुलीन मनुष्य नीच का आश्रय लेकर जीवित नहीं रह सकते।
- ❐ मिथ्यादृष्टियों का संग कहीं भी अच्छा नहीं है।
- ❐ लोक में साधु-समागम से बढ़कर अन्य कोई दुर्लभ वस्तु नहीं है।
- ❐ महापुरुषों की संगति से क्रूर जीव भी शान्त हो जाते हैं।
- ❐ साधु-समागम से सब कुछ सम्भव है।
- ❐ महापुरुषों की संगति से सब इष्टसिद्धियाँ होती हैं।
- ❐ पुण्यात्माओं का समागम कल्याणकारी है।
- ❐ सत्संगति से सब कुछ हो सकता है।
- ❐ सज्जन अपनी मर्यादा से कभी विचलित नहीं होते।
- ❐ बताने पर सज्जन मन के दुख को दूर कर देते हैं।
- ❐ सन्त विरोध मिटाने वाले होते हैं।
- ❐ सज्जनों के परोक्ष होने पर भी गुणवान गुणों को नहीं छोड़ते।
- ❐ सज्जनों को गुण प्राणों से भी अधिक प्रिय होते हैं।
- ❐ जीवों की रक्षा करने में तत्पर लोग ही ऋषि कहलाते हैं।

- ❒ उत्तम पुरुष तुच्छ पदार्थों की इच्छा नहीं करते।
- ❒ साधु लोग विरुद्ध आचरण करने वाले नहीं होते।
- ❒ धर्मात्मा, शिष्टजन क्षमा, शौच आदि गुणों से युक्त होते हैं।
- ❒ भव्य जीवों को सघन वन में भी मित्र मिल जाते हैं।
- ❒ सत्पुरुष मानभंग करके ही कृतकृत्य हो जाते हैं।
- ❒ नीतिमार्ग पर चलने वाले सद्पुरुष ईर्ष्या नहीं करते।
- ❒ सत्पुरुष हितभाषी ही होते हैं।
- ❒ प्रायः सज्जनों की चेष्टा कल्पवृक्ष के समान परोपकार के लिए ही होती है।
- ❒ सज्जन पुरुष दूसरे के सुख के कारण महाविभूतियों का भी त्याग कर देते हैं।
- ❒ सज्जन हमेशा सद्विचारों का अनुसरण करते हैं।
- ❒ सज्जन स्वभाव से ही उपकारियों की स्तुति करने वाले होते हैं।
- ❒ नीचजनों द्वारा किया गया अपकार भी सज्जनों के लिए उपकार रूप हो जाता है।
- ❒ सज्जन गुण से ही वश में होता है।
- ❒ सज्जन को बताया हुआ दुख नष्ट हो जाता है।
- ❒ चतुर मनुष्य उचित कार्य करते समय कभी नहीं चूकते।
- ❒ विनाश के समय भी हठी मनुष्य अपना हठ नहीं छोड़ता।
- ❒ प्रभावशाली लोग मितभाषी होते हैं।
- ❒ निश्चयवान सज्जनों का कार्य भी किसी प्रधान पुरुष के बिना नहीं होता।
- ❒ पुरुष विचित्र चित्त वाले होते हैं।
- ❒ निर्मल हृदय वाले सबका उपकार करते हैं।
- ❒ जो अपने लाभ को नहीं समझता उसका जीवन पशु के समान है।
- ❒ सज्जन पुरुष प्रायः मिथ्यादोष से भी डरते हैं।
- ❒ सज्जनों से मिलने की उत्सुकता सबको होती है।
- ❒ सज्जन के प्रति योगियों का पक्षपात होता ही है।
- ❒ अपकारी पर भी जो करुणा करता है वह सज्जन है।

- ❐ महापुरुषों का मन प्रणाममात्र से शान्त हो जाता है।
- ❐ दुरात्मा (दुष्ट पुरुष) लोगों को दुष्ट बना ही देती है।
- ❐ असाधु पुरुष गुण और दोषों के समूह में से दोष ही ग्रहण करते हैं।
- ❐ खल को पीड़ित किये बिना स्नेह नहीं मिलता।
- ❐ दुष्ट पुरुष निर्दोष रचना में भी दोष ही देखते हैं।
- ❐ मलिन और कुटिल जन अज्ञानियों द्वारा पूज्य और मुभुक्षुओं द्वारा त्याज्य होते हैं।
- ❐ स्वछन्द दुष्ट योग्य और अयोग्य चेष्टाओं में अन्तर नहीं समझते।
- ❐ मुनियों के मन अनुकम्पा से युक्त होते हैं।
- ❐ उन्नत गर्वशाली और बलशाली मनुष्य भी महात्माओं के वशीभूत होते हैं।
- ❐ राग-द्वेषरहित श्रमण ही मुरुषोत्तम है।
- ❐ सारे सुख उन्हें ही प्राप्त हैं जो श्रमण हो गये हैं।
- ❐ मुनियों की वृत्ति परिग्रहरहित होती है।
- ❐ सद्पुरुष गुण और दोषों के समूह में से केवल गुणग्राही होते हैं।
- ❐ साधु वर्ग सभी प्राणियों का कल्याण चाहता है।
- ❐ साधु समागम करने वालों के सब मनोरथ पूर्ण होते हैं।
- ❐ साधु-सम्बन्ध से सज्जनों का चित्त आनन्दित होता है।
- ❐ अपने लिए सब सुख चाहते हैं।
- ❐ सिद्धजीवों के सुख से उत्कृष्ट सुख दूसरा नहीं है।
- ❐ सुख की परिणति दुख में होती है।
- ❐ विद्वान लोग मन की निराकुलता हो ही सुख कहते हैं।
- ❐ जो पदार्थ जिस प्रकार अवस्थित है, उनका उसी प्रकार श्रद्धान करना परम सुख है।
- ❐ दुखी मनुष्यों को सुखद वस्तुएँ भी सुखी नहीं करतीं।
- ❐ महात्मा को परीषह सहन से इष्टसिद्धि होती है।
- ❐ शोक सबसे बड़ा विषबेल है।
- ❐ पण्डितों ने शोक को ही दूसरा नाम पिशाच दिया है।

पाप-पुण्य

- ❒ पापी लोग हिंसादि दोषों में लीन होते हैं
- ❒ दुष्ट दूसरे की स्तुति सहन नहीं कर सकता।
- ❒ दुष्ट को छोड़कर सज्जनों के वचनों पर सब विश्वास करते हैं।
- ❒ घर में बड़े होते हुए दुष्ट विषैले साँप को कोई सहन नहीं करता।
- ❒ दुष्ट पुरुषों के लिए कोई भी कुकर्म दुष्कर नहीं है।
- ❒ प्रायः दुष्ट पुरुषों का हृदय बड़े लोगों का विरोधी बन जाता है।
- ❒ बुरे काम करने वाला निश्चित ही दुर्गति को प्राप्त होता है।
- ❒ दुष्ट की चेष्टा कष्टदायी होती है।
- ❒ पुण्यहीन दुश्चरित्र मनुष्य का भूत और भावी सब बिगड़ जाता है।
- ❒ दुष्ट का गुण भी गुण नहीं होता।
- ❒ कुत्ते की पूँछ की तरह दुर्जन को भी सीधा नहीं किया जा सकता।
- ❒ अच्छी धर्मकथा सुनकर दुर्जनों का मन दुखी होता है।
- ❒ पापियों का मोह बड़ा प्रबल होता है।
- ❒ दुष्ट को सैकड़ों प्रिय वचनों से दिया गया हितापदेश भी व्यर्थ होता है।
- ❒ दुर्जन बड़े-बड़े दान पाने पर भी शान्त नहीं होते।
- ❒ इस संसार में दुराचारी पर सब कुपित होते हैं।
- ❒ कार्य हो चुकने पर समय गँवाना व्यर्थ है।
- ❒ समय के प्रभाव से कोमल भी कठोर बन जाते हैं।
- ❒ सूर्य के पतन के समय अन्धकार की प्रबलता भी हो ही जाती है।
- ❒ पूर्वकृत पुण्य के प्रभाव से देवता भी समीप आ जाते हैं।
- ❒ देवों की शक्तियाँ भी पुण्यात्माओं के सामने निःसार हो जाती हैं।
- ❒ पुण्यात्मा जीवों को इष्ट वस्तु मुहूर्तमात्र में प्राप्त हो जाती हैं।
- ❒ पुण्यात्मा जीवों के सौभाग्य के विषय में कोई नहीं कह सकता।
- ❒ पुण्यात्मा जीवों के किसी कार्य में अन्तर नहीं पड़ता।
- ❒ पुण्यवानों के संयोग से प्रायः शान्ति नहीं मिलती है।

- पुण्यात्माओं की सर्वत्र विजय होती है।
- पुण्य के बिना किसी भी बड़े अभ्युदय की प्राप्ति नहीं होती।
- पुण्य के रहते सब मित्र हो जाते हैं।
- पुण्य के बिना सिद्धि सम्भव नहीं।
- पुण्य के प्रसाद से मनुष्यों को सब कुछ प्राप्त हो सकता है।

चरित्र

- चित्तवृत्तियाँ विचित्र होती हैं।
- विद्या और धर्म में रति (प्रवेश) स्थित चित्त वालों को ही होती है।
- सौहार्द वही है जिसका अनुभव मित्रजन आपत्ति के समय करें।
- लोगों के चित्त को समझना कठिन है।
- मन की गति विचित्र होती है।
- गुणों में मन लगाना चाहिए, इन्द्रजाल से कोई लाभ नहीं है।
- सब शुद्धियों में मन की शुद्धि ही प्रशस्त है।
- सद्पुरुषों के मन की शुद्धि ही इस लोक में सारे अभीष्टों को देने वाली है।
- काम और क्रोध से अभिभूत लोगों का मन मोह से आक्रान्त हो जाता है।
- मध्यस्थ दुखी होता ही है।
- मध्यस्थ सबको प्रिय होता है।
- तीव्र प्रतापियों की मध्यस्थता भी सन्तापकारी होती है।
- नदी के क्षोभ से समुद्र क्षुब्ध नहीं होता।
- संसार में महापुरुषों के चरित्र को सब जानते हैं।
- दुर्जनों द्वारा सताये जाने पर ही महापुरुष विकार को प्राप्त नहीं होता।
- महापुरुषों के मित्र महापुरुष ही होते हैं।
- महापुरुष चरणों में पड़े शत्रुओं की भी वृद्धि करते हैं।

गुण

- विद्वावन उत्कृष्ट गुणवाले शत्रु को भी प्रशंसा करते हैं।

- गुणी पुरुष दोषों को गुणरूप से और दुष्ट लोग गुणों को भी दोषरूप से ग्रहण करते हैं।
- स्वयं देदीप्यमान आभूषण को दूसरे आभूषणों की अपेक्षा नहीं होती।
- गुणों की अधिकता से ही पुरुष सद्पुरुषों द्वारा मान्य और पूज्य होते हैं।
- इस संसार में अधिक गुणवान पुरुष लोक पूजित पुरुषों द्वारा भी पूजा जाता है।
- गुणीजन वन में भी करने योग्य कार्य से नहीं चूकते।
- गुणवान, उत्तम, धीर पुरुष स्वयं अपनी प्रशंसा नहीं करते।
- गुणार्थी गुणों की कामना करते हैं।
- गुणियों की संगति से गुण प्रकट होते हैं।

सच्चरित्र

- मन, वचन, काय की शुभ प्रवृत्ति ही हितकारिणी है।
- दुराचार से कमाया हुआ पाप सच्चरित्र से नष्ट हो जाता है।
- वह चरित्र जिससे आत्मा का हित न हो, व्यर्थ है।
- मनुष्य का अपना चरित्ररूपी सूर्य ही उसे आत्म सुधार के लिए प्रेरित करता है।

विद्या

- विद्या (ज्ञान) मनुष्यों की बन्धु है, मित्र है और कल्याण करने वाली है।
- अच्छी तरह से आराधित विद्या-देवता मनोरथ पूर्ण करने वाले होते हैं।
- विद्या कामधेनु है।
- विद्या मनुष्यों के लिए चिन्तामणि के समान है।
- विद्या से त्रिवर्ग (अर्थ, धर्म और काम) रूपी सम्पदा उत्पन्न होती है।
- विद्या मनुष्यों की यशदात्री है।
- विद्या सब प्रयोजनों को सिद्ध करने वाली होती है।
- विद्या साथ जाने वाली धन है।

तप

- स्वाध्याय ही परम तप है।
- अज्ञानी का तप भावी दुख का कारण है।
- तप से स्वर्ग मिलता है।
- तप नहीं करने वाले संसार में कर्म का फल अवश्य भोगते हैं।
- समस्त बलों में तपोबल श्रेष्ठ है।
- तीनों लोकों में ऐसा कोई भी कार्य नहीं है जो तप से सिद्ध न हो सके।
- तप अतिदुष्कर होता है।
- ज्ञान का सद्फल उन्हीं को मिलता है, जो निर्मल तप का आचरण करते हैं।
- द्वादश तपों के अतिरिक्त अन्य कोई तप पापों का क्षयकारी नहीं है।
- तप को ही श्रम कहा जाता है।
- तप के बिना मनुष्यों के कर्म नष्ट नहीं होते।
- शुद्ध तप के परिणाम महान होते हैं।
- तप से अभीष्ट सिद्धि होती है।
- ज्ञान ही तप का मूल (आधार) है।
- तप के तेज के कारण अत्यन्त दुर्गम महात्माओं को रोका नहीं जा सकता।
- स्वामी के विपद्ग्रस्त होने पर किसी के भी तेज की वृद्धि नहीं हो सकती।

भाग्य

- कर्म सबसे बड़ा गुरु (शिक्षक) है।
- सब जीव अपने किये का फल भोगते हैं।
- समस्त संसार अपने किये का फल भोगता है।
- इस संसार में कर्मोदय से अधिक बलवान कोई नहीं है।
- संसारी प्राणियों के लिए कर्म से अधिक बलवान अन्य कोई नहीं है।
- कर्म से घिरने पर सज्जन इस संसार में दुखी होते हैं।
- भाग्य के कुटिल होने पर यत्न (उद्योग) कुछ नहीं कर सकता।

- होनहार दुर्निवार है।
- दैव ही सबसे बड़ो गुरु है।
- समस्त संसार कर्म के अधीन है।
- कर्मों की विचित्रता के कारण मन की विविध चेष्टाएँ होती हैं।
- अपने कर्मों के कारण लोगों की चित्तवृत्ति विचित्र होती है।
- जिस मनुष्य ने निकांचित कर्म बोधा है, वह उसका फल नियम से भोगता है।
- स्वकृत भोगी प्राणियों की दैव के आगे कोई शूरता नहीं चलती।
- मिलने वाली वस्तु मिलती ही है, उससे बचा नहीं जा सकता।
- पूर्व में किये हुए अशुभ कर्म बाद में उग्र सन्ताप उत्पन्न करते हैं।
- प्राणियों को कर्म अनुसार ही फल मिलता है।
- सब लोग कर्मों का उचित फल भोगते हैं।
- होनहार को इन्द्र भी अन्यथा नहीं कर सकता।
- प्राणी कर्मवश ऊँची और निम्न गति को प्राप्त करते रहते हैं।

भाग्य और पुरुषार्थ

- दैव के बिना लक्ष्मी प्राप्त नहीं हो सकती।
- पाप-भार से बोझिल जीव नरक में उत्पन्न होते हैं।
- बुरे कर्मों का फल कड़वा होता है।
- योग्य कार्य में उद्यम करना उचित है।
- उद्यम से अदृश्य उत्तम फल भी प्राप्त हो जाता है।
- पौरुष को नष्ट करने वाले भाग्य को धिक्कार है।
- केवल पुरुषार्थ ही कार्य सिद्धि का कारण नहीं है।
- फलहीन प्रयत्न प्रत्येक बुद्धिमान को दुखी करता है।
- क्रोध-लोभ और गर्व के त्याग को ही धर्म कहा जाता हैं।
- धर्म के कारण आपत्तियाँ भी पुरुषों को शीघ्र ही सम्पत्ति प्राप्त करा देती हैं।
- धर्म से प्राणियों को निश्चित रूप से इष्ट सुखों की प्राप्ति होती है।

- धर्म के प्रभाव से मनुष्य को सब कुछ मिल जाता है।
- धर्म के प्रभाव से अग्नि जलरूप हो जाती है, समुद्र स्थल के समान हो जाता है।
- जीवों पर दया करना, सत्य बोलना और संयम पालना धर्म है।
- तीनों लोकों में त्रिवर्ग की प्राप्ति धर्म से ही कही गयी है।
- धर्म ही उत्कृष्ट मंगल है।
- शरणार्थी-जनों के लिए लोक में धर्म ही उत्तम शरण है।

पराक्रम

- शूरवीर और बुद्धिमान को विषाद कभी नहीं होता।
- जिनके शरीर में घाव नहीं लगते, ऐसे शूरवीरों का पराक्रम बढ़ता नहीं।
- बलिष्ठ और शूरवीर शासक कभी भी भयभीत पर प्रहार नहीं करते।
- शूरवीर बड़ी-बड़ी विपत्तियों में भी विषाद नहीं करते।
- युद्ध में पीठ नहीं दिखाई जाती।
- बलशाली कठिन कार्य में भी उद्यम नहीं छोड़ते।
- वीर मनुष्यों का कृतकृत्यपना शत्रुओं की पराजय से ही होता है, धनादि की प्राप्ति से नहीं।
- प्राणों का परित्याग अच्छा है किन्तु शत्रु के आगे झुकना अच्छा नहीं।
- पृथ्वी वीर भोग्या है।
- उस पराक्रम से कोई लाभ नहीं जिससे कि भयभीत प्राणियों की रक्षा नहीं होती।
- पराक्रमी पुरुष प्रस्थान करने के पश्चात फिर वापस नहीं लौटते।
- परिग्रही मनुष्यों के चित्त की शुद्धि हो सकती।

विषय-भोग

- विषय विष के समान दुखदायी होते हैं।
- विषय सात्विक लोगों को भी प्रायः अपने वश में कर लेते हैं।
- विषय प्रबलतम शत्रु होते हैं।

- विषय विषपूर्ण होते हैं।
- कुमारावस्था में विषयों का त्याग करना महापुरुषों के लिए भी कठिन है।
- जिस प्रकार विषयरूपी मांस में आसक्त मत्स्य (मछली) बंध को प्राप्त होती है, उसी प्रकार विषयासक्त जीव बंध को प्राप्त होता है।
- विषयजन्य सुख खड्गधारा पर लगे हुए मधु के स्वाद के समान है।
- शक्कर को अधिक खाने पर भी वह दूसरा स्वाद नहीं देती।
- घर शनि आदि ग्रहों के समान विकार उत्पन्न करने वाले हैं।
- कुलटा के समान चेष्टाकारिणी इस राजलक्ष्मी को धिक्कार है।
- पूर्व पुरुषों ने राजलक्ष्मी को विषबेल के समान देखा है।
- राज्य निश्चय से धूलि के समान है और समस्त पापों का कारण है।
- सोने का दान पाकर सब सन्तुष्ट होते हैं।
- ऐश्वर्य स्वप्न के समान होता है।
- लक्ष्मी सुन्दर नहीं है, वह तो दुष्टकार्यों का घर है।
- जिस लक्ष्मी के लिए मनुष्यों की हत्या की जाती है, वह स्थायी नहीं है।
- लक्ष्मी मायारूप है।
- स्वयं घर आयी लक्ष्मी को कोई भी बुद्धिमान पैर से नहीं ठुकराता।
- लक्ष्मी बिजली के समान चंचल है।
- लक्ष्मी अत्यन्त चंचल है।
- भोगों में आसक्ति के कारण मनुष्य कर्म से नहीं छूटता।
- भोग क्षणभंगुर हैं।
- भोग नाग के फण के समान भयंकर एवं नरक में गिराने वाले हैं।
- धोखा देने वाले भोगों से किसी लाभ की आशा नहीं।
- भाग स्वप्नलोक के समान है।
- भोगों के प्रति उत्सुक मनुष्य प्रायः हिताहित नहीं जानते।
- भोग सर्प के शरीर के समान चंचल है।
- भोग किंपाकफल के समान परिका काल में अत्यन्त विरस होते हैं।

- भोग के लिए धर्म का त्याग, काँच के लिए महामणि के त्याग के समान है।
- भोग सर्पफण के समान है।
- भोग भोगकाल में सुखकर प्रतीत होते हैं परन्तु अन्त में सन्तापधारी है।
- समृद्ध राज्य भी धूल के समान है।
- भोग जाने पर भी विषयों से प्राणियों को तृप्ति नहीं होती।
- दुखदायी विषय भोगकाल में मनुष्यों को सुखदायी लगते हैं।
- सांसारिक सुखों के त्याग से ही निर्वाण की प्राप्ति होती है।
- विषय सुख कड़वे होते हैं।
- विभूतियाँ बिजली के समान चंचल होती है।
- भोग सर्प के फण के समान ताप को ही बढ़ाने वाले होते हैं।
- मूर्ख प्राणियों को दुख भी सुखरूप जान पड़ता है।
- विषयादि सुख भोगकाल में ही रमणीय होते है।

स्वाभिमान

- मानभंग से उत्पन्न हुए दुख के अतिरिक्त अन्य कोई दुख सुख की हानि करने वाला नहीं है।
- मानशाली अपना पराभव सहन नहीं कर सकते।
- मानी (स्वाभिमानी) मान को ही प्राण समझते हैं।
- अहंकारी लोग सब कुछ करते हैं।
- मानी मनुष्य प्रणाम मात्र से ही प्रसन्न हो जाते हैं।
- मानी (स्वाभिमानी) का जीवन संसार में सुखी होता है।
- तिरस्कार से प्राणियों को परम दुख होता है।
- अपमान से तथा तज्जन्य दुख से तो मन जाना परम सुख है।
- संसार में वह मनुष्य पुण्यात्मा है जो माता के प्रति विनयी होता है।
- कुलीन मनुष्यों में विनय स्वभाव से होता है।
- जहाँ मनुष्य अपरिचित होता है, वहाँ उसका आदर नहीं होता।
- बड़ों की चरणसेवा से बड़प्पन प्राप्त होता है।

- सरल परिणामी मनुष्य को ठगने में कोई चतुराई नहीं है।
- दूसरों के प्रति सद्भाव दिखाना ही मनुष्य का उपकार है।
- शत्रुओं की परस्पर मित्रता महान भय का कारण होती है।
- तिर्यंच भी बन्धुजनों के साथ मैत्रीभाव का पालन करते हैं।
- एकचित्त हो जाना ही मित्रता है।
- मन-वचन-काय की सरलता ही विशुद्धता है।
- शुचि व्यक्ति (निर्लोभ व्यक्ति) अलन्ध्य होता है।
- मनुष्य लोक में सुख वही है, जो चित्त को सन्तुष्ट करने वाला हो।
- अमृतपान से जो सन्तोष होता है, वह अन्यत्र सम्भव नहीं।
- मधुर भाषण सद्पुरुषों की कुलविद्या है।
- दूसरे प्राणियों को पीड़ा देने वाला वचन प्रयत्नपूर्वक वर्जनीय है।
- वचन की प्रामाणिकता वक्ता की प्रामाणिकता से होती है।
- पहले बिना विचारे कथन का फल बाद में विष के समान होता है।
- असत्य से पाप कर्म का बंध होता ही है।
- सज्जनों के वचन रोगी मनुष्य को औषधि के समान परिणाम में हितकारी होते हैं।
- मौन से सब मनोरथ सिद्ध होते हैं।
- कृत्रिम वस्तुएँ ही नश्वर होती हैं।
- इस संसार में सब वस्तुएँ विनश्वर हैं।
- गुणी गुणों से एकीभूत होता है। अतः गुणी का नाश होने पर गुणों का भी नाश होता है।
- हाथ से बड़वानल में गया हुआ रत्न फिर नहीं मिल सकता।
- वस्तु का स्वभाव विनाशशील है।
- अतिदुर्लभ वस्तु यदि हाथ के निकट हो तो उसकी प्राप्ति में विलम्ब करना ठीक नहीं।

पराक्रम

- दुर्दम सिंह के जाग्रत होने पर हरिण थोड़ी देर भी सुखी नहीं रह सकते।
- समर्थ लोग अपना स्वभाव कदापि नहीं छोड़ते।
- समर्थ के लिए कुछ भी भार नहीं है।
- पहाड़ के बिल में स्थित चूहे का सिंह कुछ भी नहीं बिगाड़ सकता।
- सुकुमार प्राणी थोड़े कारण से भी दुखी हो जाते हैं।
- बैल के सींगों से पृथ्वी नहीं काँपती।
- सिंह सियार पर क्रोध नहीं करता।
- सूर्य की किरणों से समुद्र नहीं सूखता।
- सिंह चूहे पर क्षुब्ध नहीं होता।
- शक्तियाँ वे ही हैं, जो दोनों लोकों में हितकारी हों।
- अच्छे और बुरे कार्य करने की शक्ति सज्जन और दुर्जन दोनों में समान होती है।
- शिला भी पानी में पड़ी शिला को नहीं तैरा सकती।
- बलवान पुरुषों के साथ विरोध अपने पराभव का कारण होता है।
- संसार में एक-से-एक बढ़कर बलवान होते हैं।
- निश्चय ही सिंह महापर्वत की गुफा पाकर सुखी होता है।
- गरुड़ जलवासी निर्विष साँपों को मारने का यत्न नहीं करता।
- बहुत से कौवे मिलकर भी गरुड़ का कुछ बिगाड़ नहीं सकते।
- शील के प्रभाव से समुद्र भी मनुष्यों के लिए क्षणभर में गाय के खुर के समान हो जाता है।

❒❒